KB117695

성장하는 여자는
구두를
탓하지 않는다

세계를 누비며 꿈을 성취한
여성 CEO의 인생 레슨

성장하는 여자는 구두를 탓하지 않는다

배금미 지음

중앙books
JoongAng Ilbo

한걸음씩 나아갈 때
삶이 비로소
빛나기 시작한다

Prologue

성장하는 여자의 삶은 어떤 모습일까? 나라를 막론하고 여성들은 결혼 후에는 아내로서, 어머니로서 화목하고 단란한 가정을 이루는 것을 행복이라고 생각한다. 성취욕이 강했던 여성들도 나이가 들수록 자신의 성장보다는 자녀와 배우자의 성장을 중시하게 된다. 그러나 자신보다 다른 사람을 앞세워 나를 잊어버리면 자칫 행복과 멀어질 수 있다. 한국의 어머니들이 지난 인생을 되돌아보며 '내 인생은 없었다'라며 후회하는 이유가 이 때문이다.

한국을 벗어나 글로벌 기업에서 일해온 나는 내 또래보다 일찍 넓은 세상을 경험했다. 가족의 성장 못지않게 나 자신의 성장을 위해 노력할 수 있었으며, 여자라서 엄마라서 포기하거나 희생한 적이 없었다. 다시 한 번 생이 허락된다면 그때도 여자로 태어나고 싶을 만큼 여자라는 사실이 약점으로 작용해 불합리한 대우를 받기보다 여자라서 좋은 점이 훨씬 많았다.

글로벌 기업에서는 존중, 배려, 경청, 소통 등의 감성지능을 중시한다. 대체로 감성지능은 권위적인 문화에 익숙한 남자보다 여자가 높다. 업무 스킬이 동일하다면 남자보다 섬세하고, 따뜻하며 상대의 이야기에 귀 기울일 줄 아는 여자들에게 기회가 주어질 가능성이 높다는 말이다. 여자라는 사실이 경쟁력이 되는 것이다. 뿐만 아니라 여성 리더는 모성애적 특성을 발휘해 조직원들의 잠재 능력을 깨우고 동기부여를 하는 데 유능하다. 글로벌 기업에서 여성 리더를 선호하는 또 다른 이유는 도덕성과 직업윤리가 뛰어나다는 것이다. 여자들은 아무래도 술과 유흥 등 달콤한 유혹에 흔들릴 확률이 낮기 때문이다.

이처럼 최근 세계를 무대로 활약하는 기업들에서는 여성 리더를 선호하는 경향이 뚜렷하다. 사회초년생이나 취업준비생이라면 주어진 환경을 탓하기보다 글로벌 리더로 성장을 꿈꾸며 노력하길 바라는 이유이다. 인생의 목표가 연애나 결혼을 통한 신분 상승이 아니라면 수동적인 태도를 버리고 독립적이고 주체적인 여성이 되어야 한다.

결혼 후에도 커리어를 이어가고 싶다면 여자의 사회적 성공은 더욱 중요하다. 여자가 일에 대한 자신감이 있어야 부부가 평등한 관계에서 서로를 존중하고 배려할 수 있기 때문이다. 이는 자녀에게도 긍정적으로 작용한다. 자녀를 위해 희생한다고 생각하며 일하는 엄마보다 자신감 있게 자기 일을 해나가는 엄마를 보며 자라는 게 당연히 아이에게 좋지 않을까.

미국 제너럴모터스에서 마케팅매니저로 사회생활을 시작해 현재 콜로플라스트코리아의 CEO가 되기까지 나는 25년간 직장생활을 해왔다. 이 책에는 그간 내 직장생활 경험이 고스란히 담겨 있다. 또한 현실은 막막하고 미래는 불안하다고 생각하는 후배들에게 먼저 고민해온 인생 선배로서의 조언도 담았다. 오랜 직장생활을 통해 나는 위기가 기회가 되는 것처럼 결핍은 성장의 원동력이 되어준다고 생각한다. 한두 번 실패했다고 해서 주어진 환경을 탓하며 좌절하고 실망하지 말기 바란다. 농부는 밭을 탓하지 않는다는 옛말이 있다. 인생의 봄을 앞두고 아까운 시간을 허비해서는 안 된다. 제자리에서 결핍을 탓하기보다 천천히 한 걸음씩 앞으로 나아갈 때 비로소 삶이 빛나기 시작한다. 진취적으로 노력하고 끊임없이 도전할 때만이 성장하고 꿈을 이룰 수 있다.

이 책을 빌려 프린스턴대학에서 열심히 공부하며 꿈을 키워나가고 있는 사랑하는 딸 예은이를 비롯한 가족에게 감사의 마음을 전한다. 누구보다도 나를 잘 이해해주고 늘 응원해주는 딸 덕분에 엄마이기 전에 여자로서 꿈을 키워나갈 수 있었다. 끝으로 부족한 글을 읽어주신 독자 여러분에게도 깊은 감사를 드리며 이 책이 독자들의 성장에 작은 힘이나마 보탰으면 하는 바람이다.

Contents

Persistence

①

**여자의 인생은
코스요리가 아니다**

성장하는
여자는
구두를 탓하지
않는다

Persistence

미국 회사에서 있었던 일이다. 10월 첫째 주는 3분기 결산으로 바쁜 주였다. 하루는 아침 일찍 출근을 하니 한 직원이 회사 책꽂이 위에 깨끗한 복사용지를 깔고 있었다. 그러고는 뱀가죽으로 보이는 아찔한 구두를 조심스레 모셔두고 스타킹만 신은 맨발로 돌아가는 모습을 보았다. 구두는 굽이 15센티미터가 넘는 '킬힐'이었고 밑창은 당시 유행하던 빨간색 가죽으로 덧대어 있는 누가 봐도 알 수 있는 명품구두였다.

사실 저렇게 아찔한 높이의 구두는 연예인들이나 신는 것이라고 생각했는데 회사에 신고 출근하다니 젊은 친구들의 새로운 트렌드라 생각해 혼자 웃고 넘겼다. 구두의 주인은 3분기 경영실적 프레젠테이션 발표자여서 셀러브리티처럼 화려하게 꾸미며 입고 온 듯했다. 사실 미국에서는 서로의 외모나 옷차림에 크게 신경쓰는 편이 아닌데 그녀의 변신으로 사무실은 왠지 들뜬 분위기였다.

오후에 있을 프레젠테이션 준비를 하기 위해 강당으로 가던 그녀가 그만 계단을 내려가다 넘어졌다는 얘기를 들었다. 심하게 다친 듯했지만 욕심이 많았던 그녀는 모두의 만류에도 불구하고 다른 직원의 차에 있던 로퍼를 빌려 신고 고통을 참으며 겨우겨우 발표를 마쳤다. 발표를 듣고 있던 우리 역시 불편하기는 마찬가지였다. 발표를 연기하는 게 낫지 않을까 싶을 정도였다. 프레젠테이션을 마치고 나서야 그녀는 병원에 가서 깁스를 했다.

그녀는 아무것도 얻지 못했다. 프레젠테이션에서 가장 중요한 세 가지는 발표자료와 발표자 그리고 청중이다. 나중에 메일로 보내온 발표자료는 훌륭했다. 그러나 겉모습에 너무 치중한 나머지 정작 중요한 두 가지를 만족시키지 못했기 때문이다. 나중에 들은 후일담에 의하면 그녀는 높은 구두를 신으면 자신감이 생긴다고 했단다. 하지만 아무도 만족시키지 못한 우스꽝스러운 해프닝으로 끝나고 말았다. 주목받는 것을 좋아했던 그녀는 결국 한동안 프레젠테이션 기회를 얻지 못했고 다른 곳으로 이직했다.

운명은 구두가 바꿔주지 않는다

'7센티미터의 자신감.' 예전 화제가 됐던 광고 속 문구처럼 하이힐을 신으면 묘한 자신감이 생긴다. 키도 커지고 날씬한 각선미를 연출할 수 있기 때문이다. 키가 작았던 루이 14세도 하이힐의 도움을 받아 열등감을 극복했다고 하니 말이다. 하지만 프랑스 혁명과 산업혁명을 거치며 귀족시대는 종말을 고했고 그에 따라 하이힐도 모습을 감추기 시작했다. 하이힐이 부르주아를 은유한 다면 편안함을 강조한 굽 낮은 구두나 운동화는 시민을 뜻했던 것이다.

오늘날 하이힐은 아름다움과 개성을 표현하는 액세서리가 되었다. 빨간 밑창으로 아이덴티티를 만들어내는데 성공한 크리 스챤 루부탱을 비롯해 마놀로블라닉, 지미추 등은 고혹적이고도 화려한 디자인으로 전 세계 여성들을 매혹시키고 있다.

이처럼 아찔한 높이의 하이힐이 여성성을 상징하는 것은 사 실이나 그와 다른 의미가 숨어 있지 않을까. 나의 궁금증을 해결 해준 사람은 회사에 입사한 지 얼마 안 된 신입사원이었다. 그녀 가 말하길 멋진 구두를 신고 좋은 곳을 다니다보면 운명이 변할 수 있다는 것이다. 그녀의 말에 따르면 구두는 단순한 신발이 아 니라 자신이 서 있는 장소, 즉 환경이었다. 또 자신의 자존감을 표현하는 상징이기도 했다. 당당하고 화려하며 멋진 삶을 동경 하는 마음이 슈즈홀릭으로 표출되었던 것이다.

그녀의 철없는 대답이 모든 여성들의 마음을 대변하는 것은 아니지만 당시 베스트셀러였던 어느 책에서도 그와 비슷한 글귀 를 찾아볼 수 있었다. 손은 구정물에 담글지라도 발은 좋은 데 있어야 한다는 취지의 글이었다. 화려하고 값비싼 신발이 자신의 운명을 변화시켜준다는 발상과 다를 바 없었다.

그러나 이 같은 안일함과 환상에 사로잡혀 현실을 직시하지 못하는 어리석음이 자신의 성공을 방해하는 걸림돌이다. 여성의 유리천장 지수가 높은 이유 중 하나는 남성들의 권위적인 사고와 그에 따른 불평등이 자리하고 있지만 그 못지않게 그릇된 허영심에 사로잡혀 무의미한 시간을 보낸 탓도 있다. 인생의 주인은 자기 자신인데 그 사실을 잊고 남의 시선을 신경쓰고 남과 비교하거나 타인에게 의지한다면 성공의 기회도, 행복한 삶도 점점 멀어지고 마는 것이다.

여자의 인생에서 중요한 것은 구두가 아니다. 그렇다고 명품백으로 인생이 달라지지도 않는다. 인생의 진가를 결정하는 것은 화려한 구두가 아니라 땀 흘려 일한 시간이라는 뜻이다. 사람의 마음을 움직이고 세상을 감동시키는 것 또한 든든한 뒷배경도, 경제력도 아닌 그 사람이 걸어온 인생 즉, 땀내나는 낡고 투박한 신발로 이룬 시간이다.

내가 지켜본 글로벌기업의 CEO들처럼 이른바 성공했다고 하는 사람들도 마찬가지였다. 30대까지는 부모의 배경이나 물질로 이룬 스펙들로 어느 위치까지 오를 수 있다. 하지만 40대 이상이 되면 이야기는 달라진다. 그 이후의 성공이란 철저히 개인의 힘으로 이루어야 한다. 업무 실력은 기본이며 인품과 리더십, 책임감이 있어야 한다. 그래야 능력 있는 직원들과 일 잘하는 조직으로 성장할 수 있다. 결과적으로 지구 반대편에 있는 본사에서도 실력을 인정해주는 것이다.

　중요한 것은 구두가 아니라 실력인 것이다. 어떤 이는 불타는 구두를 신어야 성공할 수 있다고 말한다. 제화업체 안토니 김원길 대표의 저서 《멋진 인생을 원하면 불타는 구두를 신어라》에서 인용한 문구인데, 보면 볼수록 가슴에 와 닿는다. 구두에서 불이 나려면 쉬지 않고 달려야할 테니 이는 도전, 열정, 긍정, 희망 등을 은유하는 것 아니겠는가. 나를 지금 있는 곳으로 데려다준 것은 화려하고 멋진 구두가 아니라 무뚝뚝하고 편안한 구두였다. 계단을 걸어도, 무거운 짐을 들 때도, 버스를 타도, 운전을할 때도 전천후로 나의 역사를 함께 밟았다. 덕분에 하루하루 최선을 다할 수 있었다.

　혹여나 가슴 속에 행복과 성공의 나라로 데려다줄 요술구두를 꿈꾸고 있다면 그 꿈을 접고 당신의 힘으로 묵묵히 걸어가길 바란다. 당신을 좋은 곳으로 보내주는 이끄는 것은 오직 당신의 머리와 가슴이라는 것을 기억하라.

현실에서
바로 서기

Persistence

2011년 영국에서 현대판 신데렐라가 탄생했다. 윌리엄 왕자와 결혼에 성공한 케이트 미들턴이 그 주인공이다. 우아하고 기품 있는 그녀의 모습은 전 세계인들을 사로잡을 만큼 매력적이었다. 그러나 왕자의 사랑을 얻기 위한 눈물겨운 사투 역시 세계인들의 이목을 집중시키기에 충분했다.

아직까지 영국은 신분제도가 존재하는 나라다. 왕이 있는 나라는 필연적으로 귀족들이 존재하며 일반 시민은 평민으로 분류하는 등 겉으로 보이지 않는 계층이 엄격히 분리돼 있다. 왕가에 편입하는 이의 조부모까지 거슬러 올라가 이 사람이 귀족인지 순수한 평민 노동자계급인지 혈통을 추적한다. 평민 출신 왕세손비가 화제였던 것도 이 때문이다.

영국인 대부분은 신분제 사회에 순응하며 살고 있다. 하지만 자신들이 속한 계층의 자부심을 가지며 존립을 위해 정치적 활동이 활발하며 투표율도 높은 편이다. 계급이동이 자유롭지 못한 사회에서 보여줄 수 있는 현명한 시민의 행동이라 할 수 있겠다. 그런 시민들의 견제 덕분에 귀족사회 역시 노블리스 오블리주 등의 사회적 의무를 성실히 수행하고 있다.

그렇지만 신분상승을 위해 왕족과 결혼하려는 신데렐라의 꿈을 가진 영국 여자들도 여전히 많다. 이를 증명하듯 어린 시절 케이트 미들턴의 방은 온통 윌리엄 왕자의 사진으로 도배가 되어 있었다고 한다.

뿐만 아니라 왕자를 만나기 위해 같은 대학에 진학했고, 끊임없이 왕자 주위를 맴돌았다. 마침내 왕자와 연인이 되는데 성공했지만, 왕자가 새로운 여자와 사귈 때는 비운의 여인이 되기도 했다.

왕자의 프러포즈만 기다린다고 하여 '웨이티 케이티^{waity katy}'라며 영국인들의 놀림거리가 된 적도 있었지만 결과적으로 그녀는 오랫동안 갈망하던 소원을 이루는 데 성공했다. 불굴의 의지가 이루어낸 눈부신 성과가 아닐 수 없다. 넋 놓고 방안에 앉아 왕자님이 오기만을 기다린 것이 아니니, 어떤 의미에서는 나름 꿈을 이룬 여인이라 할 수 있다. 확실한 목표가 있었고, 이를 위해 고군분투했으니 말이다.

다행히 요즘 한국 여성들은 대체로 결혼을 신분상승의 도구로 생각하지 않는다. 남자의 그늘 없이도 자신의 삶을 개척하며 주도적으로 운영할 줄 안다. 설령 능력이 부족할지라도 불안해하지 않는다. 꿈이 있다면 노력을 그치지 않는 한 계단을 밟아나가 듯 성장할 수 있다고 믿기 때문이다.

요즘 20~30대 여성들과 얘기할 기회가 많은데 대부분 친구 같은 남자, 다정한 남자, 둘일 때 더 빛날 수 있는 남자를 찾고 있었다. 왕자님이 선택해주길 기다리지 않고 삶을 함께 할 소울메이트를 스스로 선택하는 것이다. 삶의 주인은 자기 자신이라는 사실을 알고 있는 것이다.

주위를 보면 여자로 태어난 것을 불만스러워 하는 경우가 있다. 처음에는 그저 나와 다른 환경 탓이라 여겼지만 한 기업의 리더가 되고 보니 이는 환경이 아니라 마음가짐의 문제였음을 알게 되었다. 신데렐라를 꿈꾸지만 현실은 재투성이 아가씨다보니 자신의 존재 자체를 부정하는 것이다. 이는 허황된 환상에 사로잡혀 현실을 제대로 보지 못한다는 뜻인데 나이가 어린 여성일수록 두드러지게 나타나는 성향이다.

간혹 꿈에 그리던 남자와 결혼함으로써 콤플렉스를 극복한 것처럼 느낄 수도 있다. 하지만 이는 남의 옷을 입은 것이다. 누덕이진 옷을 벗어버리지 못한 채 어울리지 않은 비단 옷을 걸쳐 입은 격이니, 늘 전전긍긍할 수밖에 없다.

언젠가는 벗어줘야 한다는 것을 본인도 알고 있다. 결과적으로 인생의 모든 선택권을 상실한 채 종속된 삶을 살아가게 되는

것이다. 꿈에 그리던 파트너일지라도 본인이 중심을 제대로 잡고
서 있지 않으면 영원한 행복을 느낄 수 없는 이유다.

여자의 인생은
프랑스 코스요리가
아니다

Persistence

여성들은 나이가 들수록 마음이 조급해진다. 우리 사회에 암묵적으로 정해진 룰이 있기 때문이다. 예를 들어 서른이 넘으면 결혼을 해야 한다는 것도 룰 중 하나다. 아직도 한국에서는 결혼이 늦어지면 불필요한 간섭을 감당해야 한다. 골드미스가 늘어나고 있지만 드라마 속 골드미스는 여전히 남자의 사랑을 갈구하는 여자로 등장할 뿐이다. 사회적으로 성공했고 경제적 능력까지 갖췄는데도 말이다. 인간이란 혼자 살아갈 수 없는 사회적 동물이라지만 사회가 앞장서서 여성들에게 너무나 많은 굴레를 씌어놓는 것만 같다.

하지만 여자의 삶은 주문한 대로 나오는 프랑스 코스요리가 아니다. 다른 이들의 인생 테이블은 멋진 코스요리가 나와 우아하게 식사하고 있는 것처럼 보인다. 한데 나의 인생 테이블은 주문한 지 오래 됐는데 아직도 발만 동동 구르고 있는 것만 같다. 졸업을 했는데 취업이 안 될 수 있고, 연애가 결혼으로 이어지지 않을 때도 있다. 우리가 정규 코스라고 생각하는 것들, 즉 졸업,

취업, 승진, 연애, 결혼, 출산 등과 같은 사회에서 규정한 절차대로 밟아나가지 못하면 뒤처지는 것 같아 초조하고 다급해진다.

그러나 인생은 코스요리가 아니기에 살다 보면 늦을 수도 있고 엉망인 요리가 나올 때도 있다. 당연히 나올 줄 알았던 메인요리가 취소될 때도 있고, 전혀 기대하지 않았던 것에서 뜻밖의 즐거움을 맛보기도 한다. 반대로 생각해보자. 인생이 레스토랑의 메뉴판처럼 짜여 있다면 얼마나 재미가 없을까. 과거에 누군가 만들어놓은 인생의 굴레에 맞추기 위해 나의 삶을 채찍질하고 있지는 않은지 반문해볼 일이다. 인생에서 가장 중요한 것은 나의 행복이다. 다른 사람이 바라는 꿈을 이루기 위해 자신을 소모하고 있는 것은 아닌지 되돌아보자.

다행히 우리가 만드는 인생이라는 요리는 맛을 날카롭게 평가받을 일도, 돈 받고 팔 일도 없다. 내 인생은 오직 나 자신을 위해 만드는 요리여야 한다. 나를 위해 요리하면서 싫어하는 음식을 만들 수는 없지 않는가. 당신의 인생이 최고급 레스토랑이 아니라 저렴한 골뱅이에 소주만으로도 사람들이 떠들썩하게 붐비는 모퉁이 선술집일 수도 있다. 그 안에서 당신이 행복하다면 아무런 문제가 되지 않는다는 뜻이다.

물론 인생은 요리처럼 쉽지 않다. 복잡한 변수와 해결하기 힘든 과제들이 산적해 있다. 그렇지만 인생을 심플하게 바라볼수록 관찰자의 시점으로 볼 때 복잡했던 문제가 수월하게 해결되기도 한다. 그 시작은 가장 소중한 것, 가장 좋아하는 것을 찾는 것이다. 그렇게 찾은 작은 원석들을 하나씩, 하나씩 실로 꿰어본다면 자신만의 레시피로 멋진 요리를 만들 수 있게 될 것이다.

재료탓을 하기엔 인생이 짧다

간혹 무언가를 하고 싶은데 재료가 부족한 경우가 생긴다. 그렇다고 굶을 수는 없다. 인생 역시 마찬가지다. 꿈꾸던 삶을 살 수 없다고 해서 인생 메뉴판을 백지로 만들 수는 없다. 디너코스가 안 된다면 런치코스로, 런치코스를 하기에도 재료가 부족하다면 할 수 있는 최선의 요리를 해도 괜찮다. 이것이 바로 현실에 적응하면서 성장하는 방법이다.

이십대 태반이 백수라는 뜻의 이태백이 고유명사처럼 회자되고 있으니 기성세대로서 미안함과 함께 막중한 책임을 느낀다. 게다가 여성의 경우 승진에 있어 수많은 장애물이 있는 것이 사실이다. 보수적인 한국의 기업문화가 예나 지금이나 여성들에게 보이지 않는 장벽이 되고 있기 때문이다.

영국의 경제주간지 이코노미스트에서 OECD 회원국들을 대상으로 조사한 유리전창지수에서 한국이 2013년에 이어 2014년에도 꼴찌를 기록한 것이 이를 증명한다. 높은 교육수준에도 불구하고 남성에 비해 임금이 낮고 승진의 기회가 제한적이라는 뜻이니 글로벌 기업의 CEO로서, 여자로서, 딸을 둔 엄마로서 성공을 꿈꾸는 여성들을 비롯해 워킹맘들의 멘토가 되기를 자처하는 것이다.

오랫동안 경험하고 깨달은 바에 의하면 오늘날 여성들은 대한민국이 아니라 세계를 무대로 뛰어야 한다. 보다 넓은 시선으로 세상을 바라보며 큰 꿈을 꾸어야 한다. 다행히 글로벌 기업에서 여성 리더를 선호하기 시작했다. 여성 특유의 온화함이 경직된 기업문화를 창의적이고 유연한 수평구조로 변화시켜주며, 청렴함과 도덕성은 기업의 건전성 확보에 적합하기 때문이다. 취업을 준비하는 여성들에게 이보다 반가운 소식이 어디 있겠는가. 따라서 이제는 국내를 넘어 글로벌 기업을 목표로 삼아보길 권하고 싶다.

이를 위해서는 누구도 따라 할 수 없는 자신만의 특별한 내공을 쌓아야 한다. 이는 천편일률적인 스펙이 아니라 부딪히고 넘어지면서 터득한 자신만의 경험이다. 교과서에서 배운 이론과 실전에서 깨달은 지혜가 조화를 이뤄야 경쟁력을 확보할 수 있기 때문이다. 그러므로 지금 자신의 모습이 다소 부족해보일지라도 도전하는 것이 현명하다. 인생의 메뉴판에서 스테이크를 만들 쇠고기를 구하지 못하겠다면 닭고기로 대체해보자. 물론 이 또한 쉬운 요리가 아니다. 닭고기 살은 지방이 적고 열을 가하면 퍽퍽해지기 때문에 열과 시간, 수분을 잘 조절해야 한다. 따라서 일류 셰프들은 흔한 닭가슴살로 탁월한 요리를 선보이며 셰프로서의 능력을 인정받는다. 쇠고기의 부재 또는 흔한 재료가 셰프의 내공을 돋보이게 하는 것이다. 결핍이 성공의 원동력이 되는 것, 이것이 바로 논리로 설명할 수 없는 세상 속 매력적인 빈틈이다.

충분한 재료와 환경이 주어진다면 얼마나 좋으랴마는 대부분 그렇지 못한 것이 현실이다. 그렇다고 세상을 원망하기에는 인생이 아깝다. 우리의 인생은 화려한 코스요리가 아니기 때문이다. 우리 인생은 어디서나 맛볼 수 있는 값싸고 평범한 설렁탕일 수도 있다. 재료는 물과 고기뿐, 오랜 시간 동안 끓이는 정성이 가장 중요한 음식 말이다.

나 역시 학교를 졸업하고 미국 기업에 입사할 당시 사회인으로서 여러모로 부족했다. 하지만 사회인으로서 걸음마를 시작한 단계였으니 달음박질을 하겠다는 섣부른 욕심을 내지 않았다. 힘에 부칠 때도 많았지만 일을 하면서 겪게 될 실패는 두렵지 않았다. 실패란 성공으로 가는 길목에서 자연스럽게 거쳐야 할 과정이니 있는 그대로 받아들이면서 개선점을 찾는다면 시간의 흐름 속에서 조금씩 성장할 수 있으리라 믿었다. 대신 안일함은 경계했다.

이는 지금도 마찬가지다. 비즈니스 현장은 가혹하리만치 냉정해 조금만 게으름을 피워도 눈 깜짝할 사이에 도태된다. 결과적으로 내가 선택할 수 있는 것이 줄어들게 되고 누릴 수 있는 권리 또한 축소된다. 덕분에 20여 년 가까이 안주하지 않고 끊임없이 도전할 수 있었다. 보다 나은 내가 될 수 있다면 그 과정에서 기꺼이 넘어질 준비가 되어 있었던 것이다. 그 시간이 나를 내 인생의 주인으로 만들어주었고 특별한 내공을 쌓도록 도와주었다.

앞서 프레젠테이션을 망친 직원처럼 화려한 반찬을 만들려다 설렁탕을 엎지르는 우를 범하면 안 된다. 또는 어울리지 않는 양념장을 만들고 있는 것은 아닌지 끊임없이 점검해보자.

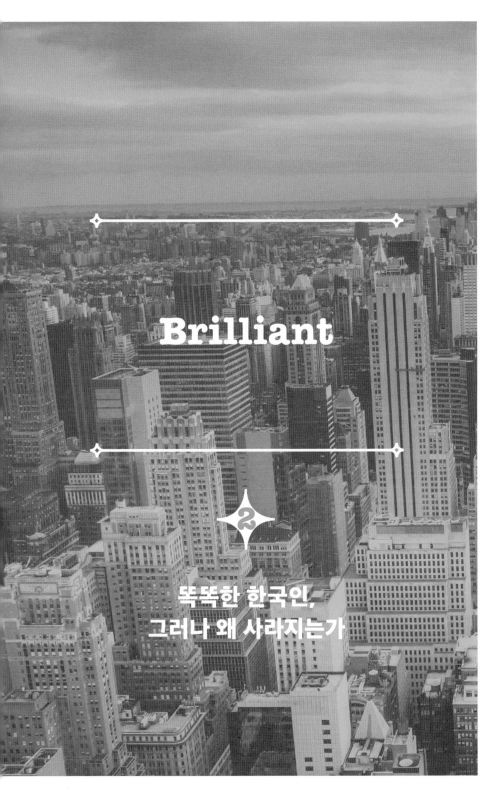

Brilliant

2

똑똑한 한국인,
그러나 왜 사라지는가

한국인,
똑똑한
다혈질

Brilliant

외국에서 생활하다 보면 한국인이라는 사실이 자랑스러울 때가 참 많다. 한국인을 설명할 때는 총명한 두뇌, 부지런함, 열정, 뛰어난 적응력 등의 수식어가 따라붙기 때문이다. 덕분에 낯선 땅 미국에서 자수성가한 사람들이 많다. 뿐만 아니라 최빈국이었던 한국을 선진국 반열에 올려놓은 경영인들도 있다. 고려대학교에서 경영학을 가르치는 마틴 햄메어트 교수는 한국 대기업의 회장들을 가리켜 '호랑이를 닮은 별난 한국식 리더'라고 설명한 뒤 '위기를 기회로 바꾸는 능력이 탁월하다'고 덧붙였다.

그의 말처럼 글로벌 기업에서 다양한 민족들과 근무하다 보면 한국인만의 특징을 쉽게 발견할 수 있다. 단적인 예로 한국인들에게 일은 삶의 목적과 동일시된다. 따라서 하루 종일 일만 한다고 해도 과언이 아니다. 그 결과 다른 민족보다 위기를 슬기롭게 이겨낼 수 있었다. 오히려 위기 앞에서 잠재 능력을 발휘해 기적을 만들어내기도 한다.

그런데 참 이상한 일이다. 글로벌 기업의 경우 입사와 동시에 두각을 드러내던 유능한 한국인들이 어느 위치에 올라가면 자연스럽게 도태되는 것이다. 주목받던 한국인들이 어느 선 이상을 넘지 못하는 것이다. 안타깝지만 이는 특히 한국 남성들에게서 두드러진다. 대한민국의 경제를 바꿔놓은 자수성가형 리더는 대다수가 남자인데 정작 글로벌 기업에서는 리더가 되지 못하는 이유가 무엇일까?

원인은 권위적인 문화에서 찾을 수 있었다. 마틴 햄메어트 교수의 말처럼 한국의 리더는 호랑이를 닮았다. 제왕적인 리더십 경향이 강하다는 뜻이다. 우향우 정신이 대표적인 예다. 실패하면 우향우 해서 영일만 바다에 빠져 죽겠다는 각오가 내포되어 있으니 대단한 각오가 아닐 수 없다. 그러나 이 같은 정신이 수많은 기적을 만들어냈으니 결과적으로 제왕적 리더십을 추구하는 것이다. 권위가 올라갈수록 호랑이를 닮아가는 이유다. 자수성가형 리더는 많지만 글로벌 리더가 드문 원인이기도 하다.

물론 무조건 호랑이처럼 엄했던 것은 아니다. 가끔 격 없는 소탈함으로 직원들과 술잔을 기울이며 끈끈한 정을 쌓아나갔다. 이를 가리켜 엄부자모嚴父慈母 리더십이라 한다. 아버지의 무서움과 어머니의 부드러움을 동시에 가지고 있다는 뜻이다. 그 모습이 직원들의 잠재력을 일깨워 의기투합할 수 있도록 만들어주었다는 것이다.

문제는 이제부터다. 세상은 나날이 변해 지역과 국가의 경계가 허물어지고 있으며 작게 시작한 로컬 기업들도 어느 규모 이상 커지면 글로벌 기업의 표준을 도입하고 있다. 제왕적 리더십과 엄부자모 리더십만으로는 한계에 부닥치는 것이다. 글로벌 기업에서 두각을 드러내던 한국인들이 종종 자취를 감추는 것이 이를 증명한다. 실제로 함께 일했던 한국인 동료들 가운데는 업무 실적이 뛰어났는데도 상대방을 존중할 줄 모르고 배려심이 없어 리더가 되지 못한 경우가 꽤 있다. 반대로 업무 능력은 평이하지만 원만한 성품 덕에 평판이 좋아 훌륭한 리더가 된 이들도 있다.

글로벌 기업은 조직문화가 개방적이고 수평적이기 때문에 어릴 때부터 학습해온 한국인 특유의 권위적인 태도가 조직원들의 반감을 불러일으킨 것이다. 조직 구성원 모두가 창의적 인재로 거듭나기 위해서는 자유로운 토론문화가 조성되어야 한다. 상명하복 체제로는 다른 조직과의 경쟁에서 이길 수 없다. 단합은 되어 단기적 실적은 뽑아내지만 창의력이 없는 조직으로 굳어가는 것이다.

존경받는 글로벌 리더는 기업의 이윤 창출을 위해 스스로 권위를 버려야 한다. 로버트 하그로브 전 하버드 리더십 프로젝트 연구소장은 이를 가리켜 '변혁적 리더십'이라 정의했다. 애플의 스티브 잡스와 페이스북의 마크 저커버그가 대표적인 모델로, 제왕적 리더십 대신 감성적이고 크리에이티브한 아이디어를 통해 게임의 룰을 바꾸고 글로벌 경쟁력을 확보했다는 것이다.

글로벌 리더를 꿈꾼다면 직원들을 대할 때 극한 순간에 감정을 잘 조절해야 한다. 외국인들에게 한국인은 '참을성이 부족하고 성격이 직선적이며 쉽게 흥분하는 다혈질'이라는 이미지가 뿌리 깊이 박혀 있다. 뼈아픈 충고다. 상급자가 될수록 더더욱 상대를 존중하고 예의를 갖춰야 하는데 우리는 이 점이 부족했다.

일하는 데 있어서 위아래가 없다고 생각해야 한다. 권위적인 문화에 길들여져서 상하관계를 버린다는 것이 쉽지는 않겠지만 나를 낮추는 순간 많은 사람들이 내 편이 되어준다는 사실을 기억해야 한다. 그럴 수만 있다면 한국인의 탁월한 유전자는 전 세계를 무대로 활약하는 핵심 자산이 될 수 있다.

서양의 합리적 사고방식을 배우다

우리나라 사람들 대다수가 외국인 울렁증이 있다고 해도 과언이 아니다. 인종차별이라기보다는 그저 나와 다른 생김새와 언어가 두려운 것이다. 이를 극복하는 방법은 익숙해지는 것밖에 없다. 다양한 민족과 교류하고 문화를 접하다 보면 서로의 다름을 이해하고 자연스럽게 받아들일 수 있기 때문이다. 물론 글로벌 환경에 익숙하지 않은 채 성인이 돼도 글로벌 리더가 될 수는 있다.

단, 서양의 문화와 사고방식을 이해하기 위해 더 많이 노력해야 한다.

제너럴모터스에서 지금의 콜로플라스트코리아까지 내가 여러 글로벌 기업에서 일하며 깨달은 한국과 유럽의 가장 큰 차이는 사고방식이다. 한국은 더불어 사는 삶을 추구한다. 그래서 사람과 사람 사이에 흐르는 긴장을 두려워하고 언니·동생, 형·아우로 지내고 싶어 한다. 술잔을 기울이며 회식 자리에서 관계가 급진전하는 인간관계를 좋아하는 것이다.

반면에 미국을 비롯해 유럽은 이분법적인 사고를 가지고 있기 때문에 규칙과 원칙을 준수하면서 개인의 자유를 추구한다. 규칙을 어기고 질서를 깨뜨리는 행동은 그 누구라도, 어떤 순간에도 용납되지 않는다. 또 투명하고 공정한 사회를 추구하므로 피해를 입는 것도, 피해를 주는 것도 극도로 꺼린다. 그래서 도덕적으로 결함이 있으면 제아무리 능력이 뛰어나도 리더가 될 수 없다.

그렇기 때문에 사회생활에 있어 언니·동생 문화는 반드시 지양해야 한다. 막역한 사이가 되는 순간 사사로운 이득은 있겠지만, 객관적인 비판을 불쾌하게 받아들이게 되므로 성장이 어려워지는 것이다. 한국사회에 흐르는 끈끈한 정情 문화가 걸림돌이 된다는 현실이 삭막하게 느껴질지도 모른다. 그러나 비즈니스

관계로 오랫동안 유대감을 갖기 위해서는 공적인 관계를 잘 유지하는 것이 훨씬 바람직하다.

또 다른 차이점은 결론을 도출하는 방법이다. 유럽은 철저히 사실관계와 데이터에 기반해 업무를 처리한다. 따라서 두 개의 답이 나올 수가 없다. 하지만 한국은 경험에 근거해 두 가지 이상의 답을 도출하곤 한다. 이것도 맞고, 저것도 맞는 것이다. 나는 이러한 동양적 사고방식이 한국인을 창의적으로 만들어준다고 생각한다. 사고의 폭이 넓고 유연해지므로 숫자를 벗어나 우주적인 해결책도 나올 수 있는 것이다.

다만 서구 기업에서 일할 때 이런 성향을 드러내는 것은 좋지 않다. 합리적인 서양 사람들에게는 비논리적이고 우유부단하게 비쳐질 수 있기 때문이다.

삼성경제연구소에서 출간한 이영훈 연세대 교수의《한국형 생산방식, 그 가능성을 찾아서》에는 "정해놓은 규칙이 실제 적용 과정에서 모호해질 때 서양은 규칙을 어떻게 해석해 적용할 것인가를 논의하지만 동양은 이를 재량권이라는 이름으로 실행자에게 위임한다. 따라서 한국에서는 규칙을 준수하는 사람보다 나름의 방법론을 구축해 수많은 상황에 대응할 수 있는 사람을 일 잘하는 사람이라고 부른다"고 설명했다.

사람은 태어난 지역과 환경에 따라 각기 다른 사고방식과 업무 스타일을 갖고 있다는 뜻이다. 심리학자 리처드 니스벳도《생각의 지도》를 통해 다른 문화권의 사람들은 지역과 환경 그리고 경험을 통해 고유한 가치관을 갖기 때문에 타민족을 이해하려면 노력이 필요하다고 전했다. 따라서 서양의 합리주의를 이해한 뒤에 한국인의 타고난 기질을 접목시킨다면 세계가 한국인의 무대가 될 것이다.

포커페이스에 능한
미국

Brilliant

처음 미국에 갔을 때는 모든 것이 새로웠다. 그중에 제일 신기하고 낯설었던 것은 거리를 오가는 사람들의 환한 미소였다. 눈이 마주치거나 어깨를 부딪쳤을 때도 미국인들은 나를 향해 방긋 웃어보였다. 땅을 보면서 바삐 걸어가던 우리네 모습과는 사뭇 다른 풍경이었다. 여자들의 짐을 들어주거나, 문을 열어주는 남자들의 매너도 신선했다. 내 눈에 비친 미국은 따뜻하고 친절하고 상냥한, 그야말로 이상적인 나라였다.

학교를 졸업한 뒤 제너럴모터스에 입사해서도 미국인들의 애티튜드는 내게 긍정적인 모습으로 다가왔다. 공식석상에서 남의 이야기를 하지 않는 모습, 회의 자리에서의 정중한 태도가 인상적이었다. 혹여 회의와 무관한 이야기를 한다거나 뜬금없는 제안을 할지라도 중간에 말을 자르지 않는다. 모두들 끝까지 경청하면서 상대가 불쾌해하지 않도록 배려하는 것이다.

그렇다고 해서 모두의 의견을 받아들이는 것은 아니다. 아이디어를 나누는 브레인스토밍과 토론문화가 자리 잡았기 때문에 자신과 다른 의견을 객관적으로 받아들이고 수용하면서 가장 좋은 해결책을 찾는다. 그 안에서 혁신이 만들어지는 것이다. 설사 열띤 토론을 벌이는 과정에서 자신의 뜻을 굽히지 않아 대척점에 서 있었을지라도 불편한 감정을 담아두지 않는다. 치열한 회의가 끝나면 언제 그랬냐는 듯이 반갑게 웃으며 티타임을 즐긴다.

반면에 우리는 토론문화에 익숙지 않다. 자신과 뜻이 다르면 대립이라 생각하므로 적대적인 마음을 갖거나 싸울 태세를 취한다. 객관적으로 문제를 바라보지 않고 고집을 부리게 되는 것이다. 그러다 보니 가슴속에 앙금이 남게 되고, 이는 관계를 악화시키는 요인이 된다.

상대의 말허리를 불쑥불쑥 자르기도 한다. 자신이 생각했을 때 엉뚱한 발언이라 생각된다면 가차 없이 말을 끊고 자신의 의견을 피력한다. 무의미한 이야기로 회의 시간이 지체되는 것을 비효율적이라 받아들이는 것이다. 회의는 빨리 끝날지언정 상사의 비위 맞추기에 급급한 내실 없는 회의가 되고 만다.

위의 말만 듣고 본다면 우리의 기업문화가 잘못되었다는 생각이 들지도 모른다. 그러나 이는 단편적인 사례이기 때문에 전체를 해석하는 것은 위험하다. 친절하고 상냥한 것처럼 보이지만 실제로 미국 기업은 매우 냉정하기 때문이다. 거칠고 투박한 듯 보이지만 우리가 훨씬 친절하고 상냥할 수 있다는 뜻이다.

한국 기업에서는 대체로 한두 번의 잘못은 너그럽게 이해하고 용서하는 편이다. 측은지심이 강해 웬만해서는 무 자르듯 관계를 끊어내지 않는다. 반면에 미국 기업은 실수를 용납하지 않는다. 드러내놓고 모욕을 주지는 않지만 기회도 주지 않는 것이다.

뿐만 아니라 잘못을 저지른 당사자는 해고 통보를 받기 전까지 자신의 거취에 대해 전혀 모른다. 해고 사실을 알고 업무에 소홀할 수도 있으니 이를 원천 봉쇄하는 것이다. 기업 입장에서는 똑똑한 선택일지 모르나 당사자에게는 매우 잔인하고 냉정한 처사가 아닐 수 없다. 당분간은 일자리가 없을뿐더러 해고 사실이 이직할 때 불리하게 작용하기 때문이다. 달리 말하자면 기업에 입사한 뒤 잘못을 저질렀거나, 성과를 내지 못한다면 일찌감치 새로운 일터를 찾는 것이 현명한 선택일 수도 있다.

다만 미국은 감정적으로 사람을 해고하지 않는다. 객관적인 사실에 근거해 해고를 결정하므로 직원들도 억울해하거나 불만을 품지 않는다. 이 또한 우리와 다른 점이다.

이처럼 미국인들의 의식구조를 지배하는 냉정함은 때에 따라서 사내 정치력으로 드러나기도 한다. 실례로 내가 다니던 회사에서 대규모 구조조정을 진행한 적이 있었다. 지사장을 비롯해 그 밑으로 줄줄이 해고 대상자였는데, 해고 대상자 중 한 명이 지사장 자리에 지원한 것이다. 결과는 어떻게 되었을까? 그는 임원 자리에서는 쫓겨났지만 지사장이 되는 데 성공했다. 정치력이 매우 뛰어난 사람이었기 때문이다. 정리해고를 총괄하던 책임자에게 자신을 어필함과 동시에 다른 동료들이 정리해고되는 것은 타당한 일이라고 입증해준 것이다. 결과적으로 그의 끊임없는 고발 덕분에 회사는 별 탈 없이 대규모 정리해고를 감행할 수 있었다. 한때 몸담았던 회사가 지속적으로 성장하길 바라는 나였으나 멀리서 그 모습을 지켜보면서 매우 안타까웠다. 정치적으로 결탁한 사람들이 많아질수록 회사가 위태로워지기 때문이다.

이렇듯 미국인들이 우리보다 정치적이니, 미국계 회사를 지원한다면 사내 정치에 밝아야 한다. 정치적이라는 말에는 사람의 마음을 읽고 상황 판단을 잘해야 한다는 뜻이 내포돼 있다. 이를 위해서는 어떤 순간에도 생각과 표정을 감추고 포커페이스를 유지해야 한다. 상대가 자신의 분노와 두려움을 읽어낼 수 없도록 말이다. 아울러 여러 사람이 모인 자리에서는 남의 이야기를 삼가는 것이 바람직하다. 어떠한 경우에라도 드러내놓고 상대에게 모욕감을 준다면 신뢰를 잃어버릴 수 있다는 사실을 기억해야 한다.

상생을
추구하는 유럽,
급부상하는
중국과 인도

Brilliant

미국이 냉정하고 합리적인 나라라면 유럽은 예술을 사랑하고 사람을 사랑하는 따뜻한 지역이었다. 오랜 역사와 찬란한 문화유산 속에서 풍요롭게 살아왔기 때문에 자본주의적인 생각보다는 인본주의적인 성향이 강하다. 그래서 좀처럼 정리해고를 하지 않는다. 부득이하게 해고를 해야 한다면 위로금을 주는 등 최대한의 지원과 배려를 아끼지 않는다. 성과보다는 유대감을 훨씬 중요하게 생각하는 것이다.

한마디로 미국의 합리주의와 우리의 정 문화가 어우러져 있다고 볼 수 있다. 그래서 경쟁보다는 상생을 추구하고 윤리를 중시한다. 내가 일하는 콜로플라스트 역시 덴마크에 본사를 둔 유럽 기업으로 휴머니즘을 매우 중시한다. 과정이 떳떳해야 결과가 옳다는 신념 아래 고객의 만족, 직원의 행복을 성과보다 최우선 가치로 삼는다. 서열문화가 없기에 학벌이나 스펙으로 사람을 평가하지 않는다. 직원들도 입신양명보다는 자신의 자리에서 행복을 느끼며 살아가길 원한다. 사람들이 대체로 열등감이 별로 없으며 쾌활하고 따뜻하면서도 지적이다.

유럽 기업의 또 다른 특징은 깊은 유대감이 형성되어 있어서 팀플레이에 능하다는 점이다. 따라서 혹시 유럽 기업 입사를 희망한다면 커뮤니케이션 스킬을 키우는 것이 중요하다. 단, 엄격한 도덕성을 요구하므로 청렴해야 한다. 뇌물을 받거나 공금을 개인적으로 유용했을 때, 직원들의 인격을 무시하거나 사회적으로 지탄받을 행동을 했다면 해고는 물론 재취업도 어려워진다.

리더에게는 사회적 책임을 다할 의무가 있다고 생각하기 때문이다. 이는 유럽뿐 아니라 미국도 마찬가지다. 리더를 해임할 때 가장 먼저 판공비 내역을 체크하는 까닭이다. 달리 해석하자면 국경을 초월해 리더가 되면 자신도 모르는 사이에 도덕적 해이를 야기할 수 있다는 뜻이다. 강력한 힘과 결정권이 주어지기 때문이다.

중국의 성장과 인도의 두뇌

미국이 세계의 흐름을 좌우하는 것은 사실이지만 중국을 비롯해 아시아도 이제 당당히 어깨를 나란히 하고 있다. 이를 증명하듯 미국과 유럽인들 가운데 아시아 지사 근무를 희망하는 사람들이 늘어나고 있다. 그에 비례해 한국인들의 위상 또한 높아지고 있다.

특히 중국은 지난날 거대 제국을 이루었던 나라답게 무서운 속도로 성장하고 있다. 전략을 구사하는 능력도 매우 뛰어나다. 《손자병법》이 지금까지도 젊은이들의 필독서로 꾸준히 읽히는 것을 보면 중국인들의 지략 수준이 어느 정도인지 가늠해볼 수 있다. 더욱이 그들은 1970~1980년대 우리 국민들처럼 헝그리 정신으로 무장돼 있어 고생을 무서워하지 않는다. 오늘날 우리가 힘들고 지저분한 일을 꺼리기 시작하면서 중국에 경쟁력을 빼앗기게 된 원인이다.

넓은 면적과 많은 인구로 급성장하고 있는 나라는 중국만이 아니다. 인도 역시 거대한 잠룡 중 하나다. 똑똑한 머리와 인내심이 그들의 저력이다. 인도인들은 느긋한 성격 덕분에 책상에 앉으면 좀처럼 일어나지 않는다고 한다. 그래서 그런지 세계적인 석학들 가운데 인도인들이 무척 많다.

그러나 나에게 세계에서 가장 똑똑한 민족을 꼽으라면 단연 한국인이었다. 국토의 면적과 인구를 대비해본다면 말이다. 어디 그뿐인가. 우리의 급한 성격이 다혈질로 비쳐지기도 하지만, 시대의 흐름을 빨리 읽고 능동적으로 변화할 수 있도록 도와주기도 한다. 또 감성적이다 보니 불같이 타올라 응집하는 능력도 탁월하다.

다만 냉철하지 않다 보니 질투가 많은 편이다. 사촌이 땅을 사면 축하해주기보다 배 아파하는 이유다. 남의 시선을 지나치게 의식하면서 사회가 정해놓은 성공 프레임에 자신을 끼워 맞추기도 한다. 약자를 돕고 불법에 저항하며 악기를 다룰 수 있을 때 중산층이라 생각하는 서양인들에 반해 우리는 부채 없는 30평대 아파트와 연봉이 중산층의 기준이 되고 있으니 말이다. 지나치게 세속적이다 보니, 성공을 위해서라면 수단과 방법을 가리지 않아도 된다는 그릇된 가치가 생겨난 것이다.

그러나 시대가 변했고 세계인들과 경쟁해야 하니 우리도 변해야 한다. 예를 들어 성공의 기준이 달라진다면 기업들도 윤리경영, 정도경영을 실천할 것이다. 그에 따라 조직원들의 성취감과 행복지수가 높아질 수 있다. 100년을 이어가는 강소기업과 세계를 무대로 활약하는 글로벌 기업이 많아진다는 뜻이니 우리 모두 글로벌 리더가 되는 것이다.

나는 우리나라의 많은 여성들이 이 기회를 선점해 글로벌 리더가 되길 바란다. 그러니 국내를 넘어 세계를 바라볼 수 있어야 한다. 우리나라에 크고 작은 글로벌 기업이 무려 2,600곳이나 있으니, 적성에 맞는 기업을 찾아 일할 수 있다. 참고로 글로벌 기업 취업정보는 www.peoplenjob.com 같은 사이트에서 구할 수 있으니 꾸준히 외국어 실력을 쌓으며 글로벌 감각을 길러보자.

호텔방으로
비서를 부른
CEO는
왜 해고됐을까?

Brilliant

최근 들어 글로벌 기업에서 여성 리더를 선호하는 추세가 늘고 있다. 글로벌 기업에서는 리더의 도덕성과 직업윤리를 최우선 덕목으로 꼽는데 여성이 남성보다 상대적으로 청렴하고 정직하다고 판단한 것이다. 여러 해외 지점을 거느려야 하는 글로벌 기업에서 사람을 뽑는 최우선 덕목은 도덕성과 청렴함이다. 공들여 키워온 기업의 이미지를 한순간에 망가뜨릴 수 있는 것이 도덕적 스캔들이기 때문이다.

나라마다 차이가 있겠지만 어느 나라에서나 대체로 남성에게는 유혹의 손길이 더 많다. 대표적인 것이 접대문화다. 실제로 남자들은 술, 골프 등의 접대문화에 익숙하다. 또한 어려서부터 도덕성보다는 힘의 논리 아래 살아왔다. 도덕적으로 문제가 있을지라도 의리나 권력을 추구하도록 학습돼왔다. 그러다 보니 욕망에 눈이 멀어 작은 일로 기업에 막대한 손해를 끼치는 경우가 많다. 글로벌 기업에서 도덕성을 최우선 가치로 삼는 까닭이다.

그 과정에서 기업들은 자연스럽게 여성 리더에게 관심을 갖기 시작했다. 접대문화를 즐기지 않을뿐더러 대체로 사사로운 이익에 휘둘리지 않으며 도덕적인 선택을 한다는 그동안의 데이터 때문이다. 여성의 선천적인 특성이 글로벌 기업의 생리와 부합한다는 뜻이다.

글로벌 기업에서 도덕성을 얼마나 중시하는지 단적으로 보여주는 사례가 있다. 한 기업의 최고경영자가 해외 출장길에서 여비서를 호텔 방으로 불렀던 사건이다. 당시 자정이 넘은 시간이었기에 여비서는 부름에 응하지 않았고 다음 날 본사에 이 사실을 알렸다. 본사에서는 이를 어떻게 해결했을까? 과도한 업무를 처리하느라 자정에 여비서를 불렀을 수도 있다. 또는 음흉한 생각을 품고 불렀을 수도 있다. 본인 외에는 아무도 모르는 일이다. 그러나 회사는 후자라 판단해 최고경영자를 해임했다. 1퍼센트라도 부정적인 해석이 가능하다면 그 1퍼센트를 따르는 것이 글로벌 기업의 특징이다.

이렇게 높은 수준의 도덕성을 요구하면서 관리하는데도 여러 나라에서 끊임없이 크고 작은 사건사고가 발생하는 것을 보면 도덕적인 리더가 되는 것이 그만큼 어렵다는 뜻이다. 최고의 자리에 오르면 말 한마디, 한마디에 힘이 실리기 때문이다.

글로벌 기업에서 이처럼 도덕성을 강조하는 것과 달리 우리 사회는 여전히 '눈 가리고 아웅'이 존재한다. '좋은 게 좋은 것'이라며 떡값을 주고받는 것을 미덕이라 여기기도 한다. 한국에서 접대문화가 유난히 발달한 것도 사실이다.

그러나 사람들이 간과하는 것이 있다. 문제는 비즈니스로 맺은 관계는 늘 이해관계가 달라진다는 데 있다. 내가 앉은 자리는 언제든지 바뀔 수 있다. 어제의 후임이 나의 상사가 되는 일도 많다. 관계가 소원해지면서 영원할 것만 같던 비밀이 만천하에 드러나기도 한다. 내부고발도 비일비재하게 일어난다. 청렴하지 못한 리더의 비밀을 영원히 함구해줄 사람은 그 어디에도 없다는 뜻이다.

따라서 어떤 순간에도 정직해야 하고 청렴해야 한다. 특히 갑과 을의 관계에서는 을에게 피해를 주는 행동을 해서는 안 된다. 선물을 받아서도 안 되고, 식사 대접을 받아서도 안 된다. 다소 과장된 표현일 수도 있겠으나 명절에 집으로 선물이 많이 들어오는 리더는 도덕성에 문제가 생겼다고 생각해도 무방하다.

투명하지 않은 일이 계속해서 쌓이다 보면 혼탁해질 수 있으므로 사전에 예방하는 것이 최선책이라는 뜻이다. 물론 전 직원이 함께 즐길 수 있는 과일이나 케이크 등의 명절 선물이 회사로 배달된다면 우리가 좋아하는 정 문화로 해석할 수 있다. 하지만 상식적인 수준 이상의 것을 받았다고 생각이 들면 반드시 돌려보내라고 나는 조언한다. 본인이 먼저 알 것이다. 이것이 무엇을 위한 선물인지를. 작은 것에 욕심을 부리다 큰 것을 망치는 우를 범하지 않도록 늘 경계해야 한다.

나는
이력서를
보지 않는다

Brilliant

글로벌 기업의 임원이 되면 말 한마디, 행동 하나하나에 신경을 기울여야 한다. 다양한 민족이 모여 있으므로 인종차별적인 표현, 성적 모멸감 등을 주어서는 안 된다. 우리가 자주 하는 실수가 있다. 나이를 묻는 것인데 상대를 불쾌하게 만들 수 있다. 따라서 글로벌 기업에 입사한다면 지극히 개인적인 사항들을 묻지 말아야 한다. 우리에게는 별 대수롭지 않은 것들이 서양인들에게는 차별로 받아들여질 수 있기 때문이다.

사고방식의 차이일 수도 있겠으나 우리는 개인의 사생활에 관심이 많다. 아마도 가정환경을 중히 여기는 성향 탓일 테다. 그러다 보니 묻지 말아야 할 일들을 아무렇지도 않게 물어본다. 그러나 이런 질문 속에는 차별하겠다는 뜻이 내재되어 있다고 해도 과언이 아니다. 우리가 흔히 물어보는 나이, 결혼 유무, 사는 곳, 고향, 학교, 가족 구성원과 성장 배경에 따라 사람을 대하는 태도가 달라질 수도 있으니 말이다. 또 이런 사소한 질문 하나가 어떤 이에게는 큰 아픔일 수도 있다.

편견이 많을수록 리더십에 제약이 따른다는 사실을 알기에, 나는 최대한 편견 없이 사람을 대하려고 노력한다. 실례로 회사에 부임한 뒤 6개월 가까이 직원들의 이력서를 보지 않는다. 직원들 개개인의 능력을 편견 없이 판단하기 위해서였다. 덕분에 직원들 개개인의 숨은 역량을 파악할 수 있었고, 직원들 역시 잠재능력을 발휘할 수 있었다.

실제로 학벌과 스펙이 업무 능력과 일치하는 것은 아니다. 그럼에도 불구하고 그런 정보들이 머릿속에 각인되면 자신도 모르는 사이에 편견이 생긴다. 작은 성과가 크게 느껴지기도 하며, 작은 실수도 크게 보일 수 있다. 그로 인해 직원들을 믿지 못하고 외부 인력을 영입하기도 한다. 회사가 공을 들여 뽑아놓고 몇 가지 이력서에 적힌 문구로 인해 인원을 적재적소에 쓰지 못하는 것은 회사는 물론 사회적으로도 큰 낭비가 아닐 수 없다.

문제는 리더에 대한 신뢰가 없는 상황에서는 직원들도 제 역량을 발휘할 수 없다는 사실이다. 반대의 경우가 생길 수도 있다. 구성원들의 화려한 스펙만 믿고, 누수를 발견하지 못하는 것이다. 전자와 후자 모두 리더십의 부재가 초래한 결과라 할 수 있다.

영어권에서는 똑똑한 사람을 두 종류로 분류한다. 학교에서부터 줄곧 1등을 도맡아온 친구들을 가리켜 텍스트 스마트라 부르고, 공부는 잘 못했지만 판단력과 순발력이 빨라 업무 효율성이 높은 사람은 스트리트 스마트라 부른다. 학교에서는 텍스트 스마트를 최고로 평가하지만 회사에서는 스트리트 스마트가 인정받을 확률이 높다. 대체적으로 그들은 센스와 애티튜드가 뛰어나기 때문이다. 내가 이력서에 의존하지 않는 이유이기도 하다.

실제로 함께 일했던 직원 가운데 아직까지 기억에 남는 사람이 있다. 이력서만 본다면 그는 평범한 학벌 탓에 그리 눈에 띄는 사람이 아니었다. 어쩌면 입사 자체가 불가능했을지도 모른다. 하지만 면접에서 보여주었던 밝은 미소, 사려깊은 행동, 어떤 질문에도 막힘없이 대답하는 자신감 등에서 높은 점수를 얻어 간신히 합격했다.

그랬던 그가 입사와 함께 두각을 드러내기 시작했다. 이해력이 뛰어났고 몰입하는 능력이 탁월했기 때문이다. 상황 판단력도 뛰어나 문제를 해결하는 데 있어 거시적으로 볼 수 있는 안목까지 있었다. 알고 보니 그는 밝은 미소와 자신감, 따뜻하고 선한 마음씨 덕분에 학창 시절 내내 리더를 도맡았다고 한다. 그러다 보니 친구들의 이야기에 귀 기울이는 법을 배웠고 자연스럽게 고민을 상담해주면서 보다 어른스러워졌던 것이다.

학창 시절의 친화력이 회사에서도 빛을 발했다는 뜻이다. 상대를 설득하는 능력이 탁월했으니 그가 속한 팀은 크고 작은 분쟁을 슬기롭게 극복해가며 성과를 창출했다. 그 모습을 보면서 밝은 미소, 상냥한 말투, 예의바른 행동 그리고 경청하는 자세가 학벌과 스펙보다 훨씬 빛난다는 사실을 깨달았다. 획일화된 스펙을 쌓기 위해 고시원에서 청춘을 허비하는 것보다 더 많은 사람을 만나 부대끼며 강점을 발견하길 바란다. 다양한 환경 속에서 사람을 끌어당길 수 있는 차별화된 애티튜드를 만드는 것이 훨씬 효과적인 것이다.

Excellence

3

탁월함은
차별을 압도한다

하기 싫은 일이
제일
중요한 일이다

Excellence

대체적으로 사람들은 좋아하는 일에서 두각을 드러내지만 가끔 좋아하는 일과 잘하는 일이 다를 때가 있다. 이때는 좋아하는 일을 하는 것이 바람직하다. 일을 즐기다 보면 자연스럽게 능률이 오르므로 시간이 지날수록 잘할 수밖에 없기 때문이다.

문제는 하기 싫은 일이다. 사회생활을 하다 보면 하기 싫은 업무가 있게 마련이다. 바꿔 말하면 자신이 없다는 뜻이다. 내가 가장 하기 싫어하는 일은 정리해고다. 사실 글로벌 기업에서 정리해고는 자주 행해진다. 종신고용제가 아닌 능력 위주로 평가하기 때문에 동양권에서 느끼기에는 무정하다 싶을 정도로 정리해고 카드를 전략처럼 쓴다.

직원을 내보내는 일은 예나 지금이나 피하고 싶은 업무다. 한 사람의 꿈, 한 가정의 행복을 빼앗는 것 같고 고통받는 팀원들을 생각하면 가해자가 된 것 같아 오랫동안 괴롭다. 그 첫 번째 시련은 모 기업으로 이직하면서 시작되었다.

"팀장 네 명을 업그레이드시키세요."

이 말의 속뜻은 지금 팀장은 해고하고 유능한 팀장을 데려와 앉히라는 의미였다. 네 사람을 해고해야 했으니 엄청난 중압감에 시달렸다. 정말이지 하고 싶지 않은 일이었다. '어떻게 해야 하는 걸까, 어떻게 말해야 그들에게 상처를 주지 않을까?' 답을 찾지 못한 나는 제너럴모터스에서 함께 근무하며 멘토가 되어주었던 선배를 찾아가 고민을 상담했다.

"즐거운 마음으로 직원을 해고시키는 사람은 없다네. 만일 정리해고를 제대로 해내지 못한다면 회사는 자네를 해고할 걸세. 왜냐하면 해고 역시 자네에게 주어진 임무거든. 냉정하게 들리겠지만 기업의 목적은 이윤 창출이야. 이윤 창출에 저해가 되는 일을 효과적으로 제거하는 것이 리더의 역할이지."

너무나 당연한 말인데도 불구하고 나는 그 사실을 미처 알지 못했다. 회피하고 싶은 마음이 진실을 외면하게 만든 것이다. 훗날에야 정리해고가 리더에게 필요한 역량 중 하나임을 가슴으로 깨닫게 되었다. 하기 싫지만 어쩔 수 없이 해야 한다면 남들보다 더 의미 있는 방법을 찾아야겠다고 결심하게 된 것이다.

일단 정리해고가 당사자에게 뼈아픈 아픔이자 실패라는 명제를 뒤집어야 한다. 그러면 정리해고를 당하는 직원 입장에서도 아픔을 줄일 수 있다. 따라서 나는 정리해고 명단에 오른 직원들의 장단점을 면밀히 분석했다. 그러자 한 가지 공통점이 보이기 시작했다. 재능과 업무의 상관관계가 대부분 어긋나 있었던 것이다.

예를 들어 한 기업에서는 세일즈 담당자를 해고해야 했다. 오랫동안 실적이 좋지 않았기 때문이다. 사실 그는 세일즈에 적합한 성격이 아니었다. 세일즈를 잘하려면 사교적이고 부드러워야 하는데 그는 그렇지 못했다. 차분하고 조용했으며 혼자 앉아 사색을 즐기는 타입이었다. 몸을 쓰기보다는 두뇌를 활용하는 사람이었다. 세일즈에서 두각을 드러낼 수 있는 성격이 아니라는 뜻이다. 결과적으로 성과를 내지 못하고 있었으니, 정리해고를 단행할 수밖에 없었다.

나는 그가 만들어 놓은 자료를 찾아 자세히 살펴보면서 어떤 재능이 있는지 찾아보았다. 그리고 최종 면담을 하면서 이렇게 말했다.

"당신은 세일즈보다는 마케팅에 훨씬 적합한 것 같아요. 기획력이 뛰어난데 맞는 자리에 있지 않았던 듯합니다. 전략과 관련된 일에 도전해보세요. 이번 일이 실패가 아닌 새로운 기회가 될 것입니다."

정리해고가 커리어 실패로 이어져서는 안 되며, 실망하고 좌절해서도 안 되니, 숨겨진 잠재 능력을 찾아 삶이 단절되지 않도록 동기부여를 해주는 것이 리더의 도리라고 생각했다.

회사를 떠나는 날, 그는 나를 찾아와 그는 세일즈가 즐겁지 않았다고 고백했다. 그러나 그의 눈빛에서 패배감은 찾아볼 수 없었다. 나의 바람대로 그에게 새로운 기회가 될 것 같은 기분 좋은 예감이 들었다. 훗날 그는 홍보회사에 입사했다. 제법 승진도 하고 있다는 소식도 듣고 있다. 그의 특별한 커리어가 벌써부터 기대된다.

이렇듯 하기 싫은 일을 잘하기 위해 노력한 결과 나에게도, 해고 당사자에게도 고통스럽지만 의미 있는 기회가 된 것이다. 그뿐만이 아니었다. 본사로부터 사람에게 정성을 기울이는 내 모습이 긍정적이었다는 평가가 들려왔다. 하기 싫은 일에 더 많은 시간과 정성을 기울일 때 결실이 더 값진 법이다.

일을 하다 보면 슬럼프에 빠질 때가 있다. 출근하는 발걸음이 무겁게 느껴지면서 일에 대한 열정도, 자긍심도 사라진다. 상사를 비롯해 동료들에게 존중받지 못할 때, 목표했던 성과를 달성하지 못했을 때, 하기 싫은 일이 계속해서 주어질 때 등 그 이유도 다양하다. 그러나 사회생활이란 수많은 갈등 요소를 해결하면서 목표를 향해 나아가는 과정이다. 바꿔 말하면 목표를 세우고 이루기 위해 노력하다 보면 슬기롭게 슬럼프를 극복할 수 있다는 뜻이다.

물론 말처럼 쉬운 일이 아니다. 무기력해졌을 때는 생각을 정리하는 것이 천지를 들어 올리는 것보다 어렵다. 이 사실을 잘 알고 있는 나이기에 리더의 자리에 앉은 뒤, 슬럼프에 빠진 직원을 질책하기보다는 동기부여를 할 수 있도록 도와준다. 지난날 힘들어하던 나를 일으켜주었던 멘토들처럼 직원들의 멘토가 되어주고 싶은 것이다.

"회사에 다니기 싫어질 때는 소액 적금통장을 하나 만들어보세요. 적은 금액일지라도 통장에 잔액이 조금씩 늘어나는 것을 보면 회사에 다녀야 하는 이유를 알게 되거든요. 동기부여를 일으킬 뿐 아니라 보람과 만족까지 안겨주니 쉽고 빠르게 슬럼프를 극복할 수 있어요. 돈 때문에 일한다는 사실이 씁쓸할지도 모르지만 이 역시 잘못된 생각이에요. 무조건 돈을 좇는 것은 옳지 않지만 매일매일 땀 흘려 일하면서 돈을 버는 것은 바람직한 일이거든요."

기록을 남기는 것도 좋은 방법이다. 해외에서는 여전히 아날로그적 습관을 가진 이들을 자주 보게 되는데, 펜을 꺼내 다이어리를 쓰고 매일의 기록을 남기는 것이다. 감사한 일들을 찾아 노트에 적고, 이를 위해 어떤 노력을 했는지 기억을 더듬다 보면 슬럼프를 극복할 수 있다. 가령 입사하기 위해 노력했던 시간들, 입사가 결정되던 날의 기쁨을 떠올리는 것이다. 나아가 회사가 없을 때의 내 모습을 상상한다면 불평불만이 감사로 바뀌게 된다. 미움도 마찬가지다. 그가 없다고 가정한다면, 그의 존재가 얼마나 소중한지 깨닫게 되는 것이다.

　이렇듯 슬럼프에 빠졌을 때는 작은 기쁨을 찾는 장치를 만들어 조금씩 만족도를 높여나가도록 하자. 이를 셀프제너레이션이라 부른다. 나는 이를 통해 슬럼프를 극복할 뿐 아니라 긴장감을 이겨내기도 한다. 중요한 계약을 앞두고 가족을 떠올리면 마음이 편안해지면서 프레젠테이션을 성공리에 마친 내 모습이 머릿속에 그려지는 것이다. 그에 따라 할 수 있다는 자신감과 앞으로 나갈 수 있는 용기가 생긴다. 선각자들이 끊임없이 성공한 자신의 모습을 상상하라고 말하는 이유다. 셀프제너레이션이 곧 말하고 생각한 대로 현실을 변화시켜주는 신비의 묘약인 것이다.

뽑을 땐
능력을 보고
나갈 땐
됨됨이를 본다

Excellence

"존중받고 싶은 만큼 존중하라." 아버지께서 늘 강조하셨던 말씀이다. 아버지는 좀처럼 화를 내지 않으셨다. 어릴 적부터 그 모습을 보고 자란 터라 감정을 쉽게 드러내는 것은 부끄러운 일이라고 생각했다. 덕분에 학교에서도, 가정에서도 그리고 회사에서도 다툼을 최소화시킬 수 있었다. 설사 불쾌한 감정이 들더라도 내 감정을 상대에게 되돌려주지 않았기 때문이다.

그 과정에서 자연스럽게 커뮤니케이션 스킬이 쌓였다. 화가 날지라도 그 감정을 여과 없이 표출해 대화를 중단시키지 않는 것이다. 잘못을 지적할 때도 마찬가지다. 충고 안에 비판과 무시가 담기지 않도록 주의해야 했다. 물론 나의 의도와 상관없이 상대는 무시를 당했다고 느낄 수 있으므로 잘못을 지적할 때는 더더욱 상대를 존중하기 위해 노력해야 한다.

어떻게 상대를 존중하는 노력을 할까? 간단하다. 내가 상대로부터 받고 싶은 존중이 무엇인지를 생각해보면 된다. 사람은 누구나 크고 작은 실수를 한다. 나도 예외일 수 없다. 그럴 때마다 상사가 감정적인 어조로 힐난한다면 자존감에 상처를 입게 될 것이며 일에 대한 열정도 사라질 것이다. 즉, 나에게 거북스러운 상황은 상대방에게도 불쾌감을 줄 수 있다는 사실을 기억해야 한다. 이것이 바로 상대를 존중하는 방법인 동시에 자기 자신을 존중하는 방법이다.

그러나 이는 말처럼 쉬운 일이 아니다. 독설이 유행처럼 번져나가고 있는 지금, 올바른 대화법의 중요성은 점점 더 사라져가고 있다. 게다가 상대의 약점을 들춰내 조롱거리로 삼는 것이 유머러스함으로 둔갑되었으니, 아이들의 대화에서조차 서로를 위한 존중을 찾아보기 어렵다.

커뮤니케이션 코칭 전문가 르네 보르보누스는 저서《존중력 연습》을 통해 "상대방을 존중하지 않으면 진정한 대화는 이루어질 수 없다"고 말한다. 또한 "진지한 대화를 원하는 사람은 반드시 상대방을 존중하는 커뮤니케이션이란 무엇일까 자문해보아야 한다"고 덧붙였다. 진실한 대화에는 존중과 배려가 담겨 있어야 하며, 이는 연습을 통해 길러지는 태도라는 뜻이다.

특히 퇴사를 앞둔 직장인이라면 더더욱 자신의 감정 관리에 신경 써야 한다. 대체적으로 퇴사하는 직원들의 경우 회사에 대한 충성도가 제로라 해도 과언이 아니다. 상사를 향한 원망과 분노의 골도 매우 깊다. 따라서 그동안 드러내지 않았던 모습을 보이곤 한다. 감정을 절제하지 못하거나 자신이 받은 상처를 보상받기 위해 분노를 표출하기도 한다. 처음에는 예상하지 못했던 직원들의 모습에 당황했지만 연차가 쌓이면서 '결정이 옳았다'는 확신을 갖게 되었다. 자신의 마음조차 컨트롤하지 못한다면 동료들과 원만한 관계를 구축할 수 없을뿐더러 성과를 낼 수 없기 때문이다.

퇴사는 관계의 끝이 아니라 새로운 출발이라는 점을 기억해야 한다. 몇 년 동안 자신이 쌓은 사회적 노력이 허사가 될 수도 있는 것이다. 글로벌 기업 사람들도 모이면 자기들 사회가 매우 좁다고들 얘기한다. 한데 한국사회는 어떻겠는가. 감정 절제가 자기 절제의 시작이자 완성이다.

반대로 정리해고가 되었는데도 끝까지 예의를 갖추는 직원들이 있다. 최선을 다해 업무를 마무리하고 유종의 미를 거두는 것이다. 그럴 때면 나는 '내 선택이 잘못되었나?' 반문하게 된다. 할 수만 있다면 정리해고를 철회하고 싶어진다. 재미있는 것은 그렇게 헤어진다 해도 그것이 끝이 아니라는 사실이다. 동종업계의 경우 이직할 회사에서 자주 연락이 온다. 평판 조회인 것이다. 이때 유종의 미를 거둔 직원이라면 평가 역시 긍정적일 수밖에 없다.

힘든 순간일수록 상대를 배려하고 존중하기 위해 노력해야 하는 이유다. 이는 합리적이고 이성적인 유럽인들에게 배워야 할 점이기도 하다. 유럽 기업은 사람을 최우선 가치로 삼기 때문에 정리해고를 할 때도 신중을 기한다. 예를 들어 해고자가 경제적 활동 없이도 생활할 수 있도록 대략 6개월간의 급여를 지급한다. 함께 일했던 동료에 대한 배려이며, 경제적 부담 없이 새로운 직장을 찾을 수 있도록 도와주는 것이다.

물론 국내 중소기업에서 이렇게까지 하기란 쉽지 않다. 다만 글로벌 기업의 인간 중심 경영을 통해 올바른 리더십이 무엇인지 배울 수는 있다. 글로벌 리더가 아니라도 글로벌 리더처럼 행동한다면, 인격적으로 훌륭하고 유능한 사람들과 오랫동안 함께하며 원대한 꿈을 이룰 수 있기 때문이다. 즉, 글로벌 기업에서 배워야 할 인간 중심 경영이란 존중과 배려를 의미한다.

높은 자리에 오를수록, 힘들고 어려운 순간일수록 배려와 존중을 잊지 말아야 한다. 당연히 화를 낼 것이라고 예상한 순간 미소로 화답해준다면 상대방은 고마움을 넘어 감동하게 된다. 그로 인해 나이와 직책을 초월해 친구가 될 수 있다. 대화를 나누다 보면 끌리는 사람이 있는가 하면 거부감이 드는 사람도 있다. 말이란 입을 통해 나오지만 그 뿌리는 가슴에 있기 때문에 지금껏 살아온 시간이 말에 묻어나오는 것이다. 그 뿌리는 가슴에 있다. 그래서 상처를 받기도 하고, 용기를 얻기도 한다.

즉, 마음이라는 이름의 밭에 향기로운 꽃이 만발한다면 입을 통해 세상 밖으로 나오는 말도 아름답다. 들을 때도 상대의 말을 왜곡하지 않고 있는 그대로 받아들인다. 말과 인격을 동일시하게 되기 때문이다. 따라서 말을 할 때는 신중하게 생각한 뒤에 존중하는 마음을 담아야 한다. 한번 뱉은 말은 주워 담을 수 없다는 속담에서 알 수 있듯이 무심코 내뱉은 한마디가 상대의 가슴에 오랜 상처를 남길 수 있음을 명심해야 한다.

뿐만 아니라 평소의 언어습관도 매우 중요하다. 습관적으로 비속어와 은어를 사용한다면 비즈니스 석상에서 자신도 모르게 교양 없는 단어가 튀어나올 수 있다. 특히 권위적인 문화에 익숙한 한국인들은 높은 자리에 오를수록 권위적이 되므로 종종 거친 단어를 사용하곤 한다. 제아무리 능력이 출중해도 상대의 미간을 찌푸리게 한다면 빛나는 월계관의 주인이 될 수 없다.

다시 말해 상대를 배려하고 존중하기 위해서는 자신이 사용하는 단어부터 점검해야 한다. 부정적인 표현은 긍정적으로, 불신의 말은 신뢰의 말로, 난폭한 말은 부드러운 말로, 비속어는 정중한 단어로 바꿔야 한다. 리더를 꿈꾼다면, 사람의 마음을 움직이고 싶다면, 인격적으로 성숙한 사람으로 평가받고 싶다면 그리고 상대방에게 존중받고 싶다면 말이다.

나아가 타인의 생각을 컨트롤하려 해서는 안 된다. 생각이란 컨트롤의 대상이 아니다. 서로 비슷한 좌표 근방에서 생각하도록 위치를 움직이는 것이 설득이므로 정성을 들여야 한다. 단, 이때 개인적인 느낌이나 견해는 배제하고 철저히 사실 위주로 말해야 한다. 감정에 호소해서 설득하는 것이 아니라 논리적으로 이해시키는 것이다.

상황에 따라 거절을 해야 할 때도 있고, '아니오'라고 말해야 할 때도 있다. 본의 아니게 상대를 불편하게 만드는 일인데, 이때는 즉시 답하기보다는 "생각해보겠다"라고 말한 뒤, 부드럽게 에둘러 거절하는 것이 바람직하다. 이것이 바로 존경받는 글로벌 리더들의 대화법이다.

대리는 과장처럼
과장은 차장처럼
일하라

Excellence

내가 좋아하는 직원은 자신감이 넘치는 사람이다. 그들은 주어진 일에 최선을 다할뿐더러 회사에서 추진하는 다양한 업무에 호기심을 보인다. 또한 열정적이고 진취적이며 활동적이다. 당연히 여러 방면에서 두각을 드러내며 없어서는 안 될 인재로 성장한다.

이 같은 성향은 면접을 보는 순간 어느 정도 파악된다. 자신감 있는 환한 미소, 예의바른 태도, 교양 있는 언행의 면접자는 진정성이 느껴져 경력과 능력에 대한 신뢰로 이어진다. 입사 후 지적 호기심이 왕성하고 주위 사람을 배려하는 직원이 될 확률이 높다. 반면에 소란스럽고 과장된 행동을 자신감이라 착각하는 면접자들을 보노라면 진정성이 결여되어 보인다. 무엇을 원하는지 알 수 없고 어떻게 성과를 낼 것인지도 의심스럽다. 인간적인 매력을 어필하지 못하는 것인데, 이는 업무 스킬에 앞서 살아오면서 갖춰야 할 애티튜드를 배우지 못한 탓이다.

즉, 면접에서 계속 탈락했다면 새로운 스펙을 쌓기보다는 자신의 애티튜드를 점검해보는 것이 바람직하다. 물론 애티튜드가 좋지 않아도 뛰어난 스펙이 있다면 입사에 성공할 수 있다. 다만 자신의 일만 잘하는 평범한 직원에 머물 뿐 '넥스트 레벨의 모자'를 쓰지는 못한다. 무슨 뜻인가 하면 자신의 자리보다 높은 위치에 있는 것처럼 일해야 한다는 뜻이다. 대리라면 과장처럼, 과장이라면 차장처럼 말이다. 넥스트 레벨의 모자를 써야 볼 수 있는 일, 할 수 있는 일이 산적한데 이 모든 것을 할 수 없으니 높은 자리에 오를 수 없는 것이다.

글로벌 기업에는 똑똑한 사람들이 많다. 따라서 성품이 승진을 판가름하는 열쇠가 된다. 애티튜드가 좋지 않으면 입사 뒤 진급이 어려워지는 것이다. 실제로 글로벌 기업의 리더들은 대체적으로 직원들에게 존경받는 덕장이다. 상대를 존중하는 배려심, 자신의 부족함을 인정하고 배우려는 겸손함, 타인의 실수를 감싸주는 관대함 등등을 갖추고 있다.

반면에 직책이 낮을수록 스스로 똑똑하다고 자만하면서 상대를 배려하지 않는다. 지나친 욕심에 눈이 멀어 수단과 방법을 가리지 않고 목적을 달성하기도 한다. 동료를 존중하지 않는 것도 모자라 상사를 존경하지 않는 경우도 있다. 상사의 험담을 늘어놓는가 하면 실수를 떠벌리며 자신의 권위를 높이려 하는 것이다. 이는 직장생활에서 반드시 지양해야 할 일이다. 앞서 말한

'넥스트 레벨의 모자'란 말 속에는 회사에 대한 충성도뿐 아니라 상사에 대한 신뢰까지 전제되어 있다.

상사를 빛나게 만들어준다면 모든 부서의 파트장들이 욕심 내는 직원이 된다. 많은 기회가 주어지면서 다양한 능력을 발휘할 수 있게 되므로 승진 가능성이 높아진다. 경우에 따라서는 자신이 이룬 성과까지 상사에게 돌리는 아량이 필요하다. 억울하게 들릴 수도 있겠지만 성과를 상사에게 돌린다면, 대다수의 파트장들이 그 사실을 인정한다. 높은 자리에 오를수록 진실을 찾아내는 통찰력과 분석력이 있기 때문이다. 성과는 성과대로 인정받고 상사를 빛나게 만드는 충성도까지 확인받았으니 회사가 원하는, 리더가 원하는 직원이 되는 것이다.

다시 말해 집단지성이 모인 곳에서는 직책이 높아질수록 애티튜드가 성공과 실패를 좌우한다. 따라서 글로벌 리더를 꿈꾼다면 그에 맞는 애티튜드를 갖추기 위해 지금부터 노력해야 한다. 경영학의 아버지인 피터 드러커의 말처럼 유능함은 후천적으로 습득할 수 있는 능력이지만 애티튜드는 사소한 말과 행동에서 자연스럽게 표현되는 성품이므로 누구도 흉내 낼 수 없는 고유한 아이덴티티이기 때문이다. 그리고 그 시작은 환하게 미소 짓는 것에서 출발해 상대의 이야기에 귀 기울이는 겸손함에서 완성된다.

호텔에는
왜
피트니스센터가
있을까?

Excellence

기억을 더듬어보면 젊은 시절의 나는 두려움이 없었다. 불가능한 일에 도전하면서 기쁨을 찾아나가는 스타일이었다. 그랬던 내가 언젠가부터 두려움을 느끼기 시작했다. 자신감도 있고, 하면 된다는 믿음도 있었지만 체력이 뒷받침해주지 않는 것이다. 강한 정신력만으로는 힘에 부치는 일이 생기기 시작했다는 뜻이다. 그럴 때면 바쁘다는 핑계로 체력 관리에 소홀했던 날들이 후회스럽다.

실제로 나는 오랫동안 글로벌 기업에 있다 보니 해외 출장이 매우 잦은 편이었다. 한 달에 반 이상을 비행기에 앉아 있었다고 해도 과언이 아니었다. 생활 패턴이 불규칙하니 끼니를 거르기 일쑤였고 숙면을 취한 적이 언제였을까 싶을 만큼 과도한 업무를 끌어안고 있었다. 하지만 데드라인을 못 맞추거나 목표를 달성하지 않은 적은 없었으니 체력은 타고났다고 자부하기도 했다.

그랬던 시절이 엊그제 같은데 이제는 체력이 하루가 다르게 떨어지는 것을 느낀다. 몸이 지치고 피곤하다 보니 참신한 아이

디어가 떠오르지 않고 집중력마저 현저히 떨어진다. 이제야 건강
이 얼마나 중요한지 깨닫게 된 것이다. 뜨거운 열정과 탁월한 능
력이 있어도 건강을 잃으면 일을 할 수 없기 때문이다. 나뿐만 아
니라 대다수의 여성들이 30대 후반에 들어서면서부터 체력이 급
격히 떨어진다고 느낀다.

40대 초반까지는 두뇌 싸움이지만 그 이후에는 체력 싸움으
로 승진이 결정된다고 해도 과언이 아니다. 왜냐하면 그 나이쯤
되면 저마다 자신만의 커리어를 갖게 되므로 두뇌 싸움에서 승
패가 결정되지 않는다. 추진했던 바를 체력적으로 지치지 않고
끌고 갈 수 있느냐, 없느냐가 성패를 결정하는 것이다.

이를 증명하듯 비즈니스맨들이 많이 찾는 호텔에 가면 반드
시 피트니스센터가 있다. 호텔에 머무는 비즈니스맨들에게 체력
관리는 필수이기 때문이다. 계속된 회의와 미팅, 회사간 이동은
고농도의 에너지를 쓰는 행위이므로 체력관리에 소홀하면 업무
에 차질이 생길 수 있다. 운동 중독에 걸린 임원들이 많은 것도
그 때문이다.

체력의 중요성을 온몸으로 깨닫고 있으니 나 역시 이제는 규
칙적인 생활을 하기 위해 노력한다. 오랜 비행으로 굳은 몸을 요
가로 풀거나 회의에서 녹초가 된 머릿속을 수영으로 씻어낸다.
식사를 할 때도 건강에 해로운 음식은 삼가고 가능하면 영양소

를 골고루 섭취하고자 한다. 아울러 정신도 건강해야 한다. 스트레스를 이겨내야 하기 때문이다. 정신 건강 역시 늘 관리하며 챙겨야 한다.

이를 위해 나는 바쁜 와중에도 틈틈이 책을 읽는다. 특히 스님들의 책을 읽다 보면 머릿속을 가득 메우고 있던 근심걱정이 어느 틈엔가 사라진다. 겨울 찬바람을 쐰 것처럼 정신이 청량해지며, 잡음처럼 머릿속을 괴롭히던 고민들이 산방 스님의 방처럼 고요해진다. 삼라만상을 꿰뚫는 스님의 통찰에 지혜와 힐링을 동시에 얻는다. 책장을 덮고 나면 신기하게도 나를 옥죄어오던 문제가 아무것도 아닌 일처럼 느껴진다. 고민의 당사자에서 관찰자 입장이 되어 잠시 떨어져 있는 것만으로도 생각이 달라지는 것이다. 스트레스의 원인이 해결된 것이 아니라 생각의 변화가 스트레스를 이길 수 있도록 도와주었다는 뜻이다.

요즘에는 비교적 시간 여유가 생겨 가까운 곳으로 여행을 떠난다. 특히 나는 조용히 나를 반추할 시간을 갖는 템플스테이를 좋아한다. 현실과 떨어진 고즈넉한 산사에 있노라면 인생이 무엇인지 성공은 또 어떤 의미인지 되짚어보게 된다. 그러다 보면 성공에 대한 갈망도, 행복에 대한 집착도 모두 다 내려놓을 수 있게 된다. 아름답고 신비로운 자연과 함께 호흡하는 것만으로도 무릉도원을 거니는 신선이 된 것이다.

친구들과 수다를 떨거나 또는 온몸이 땀에 흠뻑 젖을 때까지 운동을 하면서 스트레스를 해결하는 사람들도 있다. 방법은 다르지만 저마다 몸과 정신 건강을 위해 노력하는 것만은 틀림없다. 정신이 건강해야 육체도 건강하기 때문이다. 또는 그 반대일 수도 있다. 컨디션이 좋아야 긍정을 깨닫게 될 테니 말이다.

혹자들은 잠을 잘 때도 업무와 관련된 꿈을 꿔야 한다고 말한다. 무한 경쟁사회를 살아가는 만큼 일에 몰입하고 집중해야 한다는 뜻이다. 성과를 내고 싶어 하는 마음은 이해하지만 사람이란 그렇게 일만 하면서 살아갈 수 없다. 자동차도 기름이 있어야 달리는 것처럼 사람도 휴식을 취하면서 에너지를 충전해야 한다. 1년 365일 쉬지 않고 일만 한다면 머지않아 에너지가 고갈되기 때문이다. 건강을 잃을 수도 있고, 열정이 사라질 수도 있다.

책상에 앉아 있는 시간은 길지라도 집중도와 몰입도는 떨어질 수밖에 없다. 그래서 나는 직원들이 행복하길 바라고, 나 자신 또한 행복하기 위해 노력한다. 출근해서는 일에 집중하고, 퇴근한 뒤에는 개인생활을 즐긴다. 이것이 바로 오랫동안 즐겁고 일하고 행복하게 살아가는 방법이다.

못생긴 나무가
산을 지킨다

Excellence

옛말에 '못생긴 나무가 산을 지킨다'고 했다. 곧게 뻗은 나무는 집 짓는 데 쓰기 때문에 못생긴 나무만 남아 거목이 되는 것이다. 사람으로부터 쓰임새 없다고 방치된 나무들이 숲을 이루고 산사태와 홍수 등의 자연재해로부터 산을 지켜준다. 이렇듯 나무의 생김새는 좋고 나쁨의 문제가 아니라 쓰임이 다른 것뿐이다. 만일 나무꾼이 구부러진 나무를 베어 집을 지었다고 가정해보자. 힘을 제대로 지탱해주지 못하는 기둥으로 집을 만드는 것이니 쉽게 무너질 것이다. 이는 나무의 잘못인가? 나무꾼의 잘못인가? 두말 할 것도 없이 나무의 쓰임을 제대로 파악하지 못한 나무꾼의 잘못이다.

우리의 모습도 이와 같다. 저마다 재능이 다르기 때문에 능력을 발휘할 수 있는 분야도 다르다. 지금의 모습만 보고 누군가를 평가해서는 안 된다. 지금은 작은 묘목일지라도 훗날 산을 지키는 거목이 될 수 있다는 사실을 염두에 두어야 한다. 이때 필요한 것이 애정이다. 관심을 갖고 오랫동안 살펴봐야 장단점을 분석할 수 있기 때문이다. 가장 먼저 할 일은 직원들의 교육수준, 과거 진행했던 프로젝트 등 객관적인 정보를 취합하는 것이다. 그리고 수시로 대화를 통해 성향을 파악하고 동료들의 평가를 참고해야 한다. 이러한 대화는 꼭 업무적일 필요는 없다. 개인적인 생각, 문화, 취미생활 그 어떤 것이든 자연스럽게 서로의 마음을 오픈할 수 있는 대화면 된다.

이를 토대로 개개인에게 가장 적합하다고 판단되는 프로젝트를 맡긴다. 그런 뒤에는 직원들이 업무를 이해하고 있는지 정기적으로 점검하고 결과물이 나왔을 때는 건설적인 피드백을 준다. 이는 테스트이므로 지나치게 성과에 연연해서는 안 된다. 리더의 판단 실수로 잘못된 프로젝트를 지시할 수도 있기 때문이다. 만일 프로젝트를 예상보다 훨씬 잘 수행했다면 직원 스스로 목표의식을 갖게 된다. 동기부여가 이루어진 것이다. 이때는 시간을 두고 간헐적으로 조금씩 더 어려운 프로젝트를 맡기도록 한다. 경험을 통해 역량을 단계적으로 높여주는 것이다.

불가능을 가능으로 만드는 힘, 리더십

사람에게는 저마다 잠재 능력이 있으며, 이는 리더에 의해 발휘된다고 생각하기 때문에 직원의 능력을 평가할 때 주위 평판은 듣지만 참고만 할 뿐이다. 내가 존슨앤드존슨에 있을 때의 일이

었다. 당시 존슨앤드존슨메디컬 당뇨사업부에서는 혈당기 가격
이 타사에 비해 높아 판매가 부진하자, 다각도로 해결책을 고민
하고 있었다. 나 역시 본부장으로서 여러 가지 마케팅 전략을 수
립하던 중 우리가 개발한 혈당 관리 소프트웨어를 전국 병원에
무상으로 설치할 계획을 세웠다. 대다수의 마케터들은 혈당기
소프트웨어 프로그램을 홍보하자는 나의 마케팅 전략에 고개를
갸웃거렸다. 타깃을 환자에서 의사로 수정한 것에 대해서도 반신
반의하는 눈치였다. 그러나 나는 뜻을 굽히지 않았다. 그만큼 확
신이 있었다.

첫째, 당뇨란 오랫동안 관찰해야 하는 질병이므로 누적 데이
터가 매우 중요하지만 병원에서는 그 순간에 체크한 수치만으로
진단해 정확도가 떨어진다. 의사가 환자의 라이프스타일을 알 수
없으니 조언을 해주는 데도 한계가 있었다. 따라서 관리 프로그
램은 환자가 아니라 의사에게 훨씬 필요하다고 판단했다.

이렇게 설치된 프로그램은 환자가 한 달 동안 체크한 당을
일목요연하게 보여주므로 의사와 환자 모두에게 주의해야 할 생
활 패턴과 식습관을 쉽게 파악할 수 있다. 의사가 보다 전문적으
로 환자의 상황을 파악할 수 있으므로 적극적으로 환자에게 존
슨앤드존슨 혈당기를 권할 것이라 확신했다.

나의 예상대로 무료로 소프트웨어를 설치하자 의사와 환자

의 만족도가 매우 높아졌다. 임상시험에서 좋은 성과를 내자 병원들이 앞다투어 프로그램 설치를 요구하기 시작했다. 그 결과 아시아 전 지역과 유럽 그리고 미국의 병원에서 존슨앤드존슨의 소프트웨어를 통해 당뇨 관리를 받을 수 있게 되었다. 환자는 의사의 처방을 받기 위해서라도 존슨앤드존슨 혈당기를 구매할 수밖에 없었으니 매출 역시 빠르게 상승했다. 차별화된 마케팅 전략이 눈부신 성과를 안겨준 것이다. 그 덕분에 나는 존슨앤드존슨메디컬에 근무하던 2010년, 그룹 내 최고 영예인 제임스 E. 버크 마케팅 대상을 수상할 수 있었다. 이는 전 세계 57개국 12만 2,000여 명의 임직원 가운데 최우수 마케터에게 주는 상이므로 매우 큰 영광이었다.

여기서 또 한 가지 주목할 점이 있다. 프로젝트를 함께 추진했던 세일즈매니저의 눈부신 성장이다. 그는 내가 당뇨 부서 부서장으로 부임했을 때 세일즈매니저였는데 임원들 대다수가 말하길 그는 시키는 일은 프로페셔널하게 하지만 그 이상은 하지 않는, 수동적인 직원이라고 평했다.

주위의 평가를 참고해 팀원들 개개인을 관찰하고 인터뷰를 진행하면서 나는 그가 매우 박식하고 세일즈 능력이 탁월하다는 결론에 이르렀다. 아마도 능력을 발휘할 기회와 잠재 능력을 이끌어줄 리더를 만나지 못했던 모양이다.

　주위의 평판은 참고사항이었으니, 그에게 힘을 실어주기로 결심했다. 그에 따라 두 개로 나뉘어 있던 세일즈 부서를 하나로 통합하고 그에게 세일즈매니저라는 직책을 주었다. 타 임원들의 조언과 정반대 결정을 내린 것이다.

　그리고 기적이 일어났다. 자신을 전폭적으로 지지하고 인정해주는 리더가 나타나자 수동적이라 평가받던 그가 거짓말처럼 능동적으로 변하기 시작한 것이다. 결과적으로 그는 나를 도와 우리 부서를 최고로 끌어올렸다. 본부장이었던 나는 제임스 E. 버크 마케팅 대상, 아시아태평양 LEAP 전략적 이니셔티브상, E-혁신상을 수상하는 영광을 얻었다. 그도 능력을 인정받아 이사로 승진했으며 나아가 세일즈교육매니저로서 회사 발전의 주춧돌이 되었다. 그 일을 통해 직원의 잠재 능력을 찾고 동기를 부여하는 일이 리더에게 얼마나 중요한 일인지 다시금 깨달았다. 아울러 직원의 실력은 반드시 객관적으로 평가하고, 실력만큼 인정해줘야 한다는 사실 또한 확인하는 계기가 된 것이다.

마흔이 되어서도
미움을 받으면
그는 마지막

Excellence

어릴 적 동화책을 보면 무시무시한 마녀가 나타나 아리따운 아가씨의 젊음을 뺏고자 고군분투하다 결국 죽음을 맞게 된다. 왜 동서고금을 막론하고 늙은 마녀들은 목숨이 위태로워질 때까지 젊음을 탐하는 것일까? 어렸을 적에는 절대로 이해할 수 없었던 마녀의 마음에 어느 순간 공감하면서 나도 나이가 들었다는 것을 실감했다. 두 손에 꼭 쥔 모래처럼 속절없이 사라져버리는 젊음을 간절히 잡고 싶으니 말이다.

다행히 현대사회는 마녀가 되지 않아도 노력에 따라 노화 속도를 어느 정도 늦출 수 있다. 이를 증명하듯 요즘 사람들은 나이를 가늠할 수 없을 정도로 젊어 보인다. 규칙적인 운동으로 몸매를 관리하고, 꾸준한 관리와 긍정적인 생각으로 얼굴의 주름을 없앤 덕분이다. 열정적으로 꿈을 향해 나아가면서 나이를 숫자로 만들어버리는 것이다. 그래서 진취적으로 일하는 사람들은 그렇지 않은 사람에 비해 상대적으로 젊어 보인다. 외모가 경쟁력이 된 지금, 업무 능력을 쌓아가듯 자기 관리에 노력을 기울인 결과다. 젊은 시절의 아름다움은 선천적이지만 나이가 들수록 후천적인 노력에 의해 아름다워질 수 있다는 뜻이다.

옷차림도 전략이자 자기 관리의 한 방법이다. 따라서 옷을 입을 때는 직업과 직책에 어울리도록 입는 것이 바람직하다. 그래야 상대에게 직업적 신뢰감을 줄 수 있다. 나아가 임원이 되었다면 자신이 곧 기업의 얼굴임으로, 옷차림에서부터 기업이 추구하는 비전을 반영해야 한다. 예를 들어 내가 근무하는 있는 콜로플라스트는 의료기기 전문회사이다 보니 지나치게 화려한 스타일의 옷차림, 액세서리, 화장 등은 삼가는 것이 좋다. 고객의 아픔에 공감하지 못한다는 인상을 줄 수 있기 때문이다. 또 CEO답게 중후한 멋과 품위가 느껴지도록 스타일을 연출해야 한다.

콜로플라스트 이전에도 나는 내추럴한 색상의 편안한 정장을 즐겨 입었다. 첫 직장이었던 제너럴모터스의 분위기가 보수적이었던 탓도 있지만, 지나치게 화려하다 보면 인텔리전스가 반감될 수 있다. 물론 버진그룹의 회장인 리처드 브랜슨은 톡톡 튀는 개성으로 세간의 이목을 집중시킨다. 그에 걸맞게 패션 스타일도 자유분방하다. 기발하고 재미난 상상으로 세상을 바꾸고 싶어 하는 리처드 브랜슨에게는 중후함보다는 개성을 강조하는 스타일이 전략인 것이다. 옷차림도 전략이라는 광고 카피처럼 말이다. 이처럼 겉으로 드러나는 모습 하나하나에 시간을 투자하고 철저히 관리한다면 시곗바늘을 동여매지 않고도 노화의 흐름을 늦출 수 있다.

그럼에도 동안이 되는 가장 좋은 방법은 마음의 평화를 유지하는 것이다. 걸어온 삶의 흔적이, 가치관과 생각이 얼굴에 그대로 드러나기 때문이다. "나이 마흔이 되어서도 남의 미움을 받으면, 그는 마지막"이라던 공자의 가르침에는 이 같은 진리가 함축적으로 담겨 있다.

실제로 사회생활의 기반을 닦을 나이라는 의미의 이립而立, 즉 서른 살이 되면 얼굴 생김새에서 미래를 엿볼 수 있다. 눈빛의 총기를 통해 성공할 것인지, 실패할 것인지 어렴풋이 짐작할 수 있게 되는 것이다.

영혼이 얼굴을 만든다는 뜻이다. 분노 대신 감사를, 거짓 대신 진실을, 미움 대신 사랑을 가슴에 담아야 하는 것이다. 값비싼 관리를 받더라도 얼굴에 분노와 욕심을 숨길 수 없다면 영혼이 황폐해지면서 얼굴에 드러날 수밖에 없다. 과학의 눈부신 발전이 동안의 비결은 될지언정 영혼을 아름답게 만들어주지는 않기 때문이다. 오스카 와일드의 소설《도리언 그레이의 초상》처럼 말이다.

소설 속에는 영혼을 팔아 영원한 아름다움을 갖게 된 청년이 등장한다. 영혼을 팔았다는 것은 인간다운 마음을 포기했다는 것을 의미한다. 길 가던 사람도 돌아보게 할 만큼 아름다운 얼굴을 가진 도리언은 죄책감 없이 쾌락에 물들고, 이는 고스란히 초상화 속 도리언에게 투영된다. 초상화에는 아름다웠지만 얼굴을 뒤덮은 굵은 주름, 사신을 연상시키는 핏빛 입술, 음침한 잿빛 머리칼이 보일 뿐이다. 훗날 도리언은 초상화 속 자신의 모습에서 부끄러움을 느낀다. 아름다운 외모 속에 감춰진 더럽고 추한 영혼을 발견한 것이다. 《도리언 그레이의 초상》은 동화처럼 신비스러운 이야기로 가득하지만 책장을 넘길 때마다 진정한 아름다움이 무엇인지 가르쳐준다. 거짓으로 타인은 속일지라도 자신은 기만할 수 없다는 사실도 말해준다. 자기 자신에게 부끄럽지 않은 사람이 되어야 하는 까닭이다.

이와 달리 헬렌 켈러는 평생을 걸쳐 영혼을 아름답게 가꾸어 간 여인이다.

"3일 동안만 볼 수 있다면, 사랑하는 이의 얼굴과 아름다운 꽃과 풀과 빛나는 노을을 보고 싶습니다. 둘째 날에는 새벽에 일찍 일어나 먼동이 터오는 모습을 보고 싶습니다. 저녁에는 영롱하게 빛나는 하늘의 별을 보고 싶습니다. 마지막 셋째 날에는 부지런히 출근하는 사람들의 활기찬 표정을 보고 싶습니다. 그리고 사흘간 눈을 뜨게 해주신 하나님께 감사의 기도를 드리겠습니다."

이는 그녀가 평생 동안 간절히 원했지만 현실에서는 일어날 수 없는 소원이었다. 하지만 그녀의 삶은 불행하지 않았다. 세상을 볼 수도, 들을 수도, 말할 수도 없었지만 온전한 정신을 가질 수 있다는 것에 감사했다. 그 마음이 지친 영혼에 촉촉한 단비를 뿌려주어, 밤이 아침으로 변하는 하루하루가 신의 은총이라는 사실을 가르쳐준 것이다.

우리도 이 같은 마음으로 살아가야 하는 것이 아닐까? 나이를 가늠할 수 없는 날씬한 몸매와 눈부신 외모를 뽐낸다 해도 마음속에 분노와 미움이 가득하다면 주위 사람들이 떠난다. 업무 능력이 뛰어날지라도 덕장이 될 수 없다는 뜻이다. 성공은 절대 혼자 이룰 수 없다. 함께 있는 것만으로도 즐거워지는 사람이 되는 것이야말로 진정한 성공이며 참된 아름다움이다. 시간을 거꾸로 돌린다는 것은 영혼이 늙지 않는 것을 의미하기 때문이다.

전략적
이직의 기술

Excellence

라이먼 프랭크 바움의 《오즈의 마법사》는 쉽게 읽히는 동화지만 그 이면에는 경제 이야기가 숨겨져 있다. 허수아비는 농민을, 양철나무꾼은 근로자를, 사자는 정치인을 가리켰으며, 주인공인 도로시는 미국인을 은유했다. 결과적으로 도로시가 자신의 힘으로 집에 돌아간다는 설정은 미국인 스스로 경제를 살리는 주역이 되어야 한다는 뜻이다. 작가가 전하고자 하는 메시지가 곳곳에 숨겨져 있어, 어른이 돼서도 다시 찾아 읽는 재미 또한 쏠쏠하다. 동화책이지만 경제학 책처럼 읽은 덕분에 나는 그 안에서 비즈니스 통찰도 얻을 수 있었다.

어디까지나 개인적인 생각이지만 외딴 시골집에 살던 도로시가 회오리바람에 휩쓸려 머나먼 여행을 떠난 것은 예상하지 못했던 위기 상황과 그로 인해 직면하게 된 불확실한 현실을 말하는 것처럼 들렸다. 또 여행길에서 만난 친구들은 하나같이 부족한 면을 가지고 있다. 지혜가 필요한 허수아비, 따뜻한 가슴을 원했던 양철나무꾼, 용감해지고 싶었던 사자는 문제 해결 능력이 미흡하고 동료를 위해 희생하지 않으며 잘못된 관행을 지적하지 못하는 우리의 모습과 너무나 닮았다.

그러나 여행의 끝자락에서 허수아비는 어려운 일을 해결할 만큼 지혜로워졌고, 양철나무꾼은 친구들을 위해 자신을 희생하는 따뜻함을 보였으며, 사자 역시 마녀와 맞서 용감하게 싸웠다. 동기부여가 없어 겉으로 드러나지 않았을 뿐 저마다 약점을 극복할 수 있는 잠재 능력 또한 가지고 있었던 것이다.

도로시 역시 마찬가지다. 마법사가 아닌 자신의 힘으로 집에 돌아가는 데 성공했으니 힘들고 어려운 일일수록 누군가에게 의지하지 말고 스스로 헤쳐 나가야 한다고 이 책은 말하고 있다. 불가능을 가능으로 바꿔주는 위대한 마법사는 우리들 자신이기 때문이다.

아울러 부족한 우리가 마법사가 되려면 팀워크가 필요하다는 사실도 일깨워준다. 여행길에서 친구들을 만나지 않았다면 영원히 자신들에게 지혜가 있음을, 뜨거운 가슴이 있음을, 용기가 있음을 알지 못했을 테니 말이다. 따라서 팀워크를 발휘하기 위해서는 나의 부족함을 채워주는 그가 있음을, 그의 부족함을 채워주는 내가 있음을 기억해야 한다.

이는 훌륭한 동료들과 한 팀이 되는 것만으로도 성장할 수 있다는 뜻이다. 따라서 한 회사에 너무 오래 근무하기보다는 전략적 이직을 통해 브레인 맨파워들과 일하고 배울 수 있는 환경을 만드는 것도 필요하다. 나아가 자신의 자리가 점점 더 높은 위치에 오른다면 리더십을 발휘해 팀원들의 동기부여를 이끌어내야 한다. 스스로 지혜롭게 생각하고, 용감하게 맞서며, 서로를 사랑할 수 있도록 말이다.

평범한듯 비범한 린치핀으로 살아남기

린치핀이란 마차나 자동차의 두 바퀴를 연결하는 쇠막대기를 고정하는 핀이다. 굉장히 중요한 부품이지만 가격은 1달러에 불과하며 동네 철물점에서 손쉽게 살 수 있다. 경영학 그루인 세스 고딘은 평범한 듯 보이지만 누구도 대체할 수 없는 필요한 존재를 일컬어 린치핀이라 정의했다.

나는 급변하는 현대사회에서 린치핀이 되는 방법은 전략적 이직에서 완성된다고 생각한다. 과거에는 한 우물을 파야 성공한다고 말했지만 이제는 다방면에서 경험을 쌓은 멀티플레이형 인간을 선호하기 때문이다. 분야의 경계를 허물고 자신의 재능을 컨버전스할 수 있다면 마차도 자동차도 비행기도 될 수 있기 때문이다. 한곳에 머물기보다는 보다 나은 회사를 찾아 앞으로 나아가야 하는 이유다.

단, 이직을 할 때는 나름의 법칙이 있다. 동종업계로 이직한다면 규모, 연봉, 근무환경, 비전 등에서 보다 나은 회사로 옮겨가야 한다. 타 업종으로 이직할 때는 커리어의 맥을 잃지 않으면서도 다양한 체험으로 도움이 되는 일이어야 한다. 그래야 자신만의 특별한 커리어가 완성된다.

예를 들어 나는 자동차 회사에서 호텔로, 또 은행으로 이직을 했다. 제너럴모터스에서는 글로벌 마케팅 매니저로서 사업계획서를 작성하고 최고의 비즈니스 파트너들과 일하며 기업 경영의 초석을 다졌다. 또 회사의 지원 아래 다양한 교육을 받을 수 있었다. 조선호텔 마케팅 매니저로 근무할 때는 국내외 특급호텔의 서비스를 경험하면서 고객을 섬길 때 새로운 가치를 창출할 수 있음을 알게 되었다. 신세계그룹 산하 기업이다 보니 삼성문화를 경험한 것도 값진 시간이었고 소중한 자산이 되었다.

최초로 국내에 펀드를 도입한 프랭클린템플턴에서 마케팅 매니저로 근무할 때는 외국인 상사와 동료들의 브레인 맨파워에 감탄하며 닮아가기 위해 노력했다. 당시 함께 일했던 펀드매니저들이 국내 증권회사와 투자자문회사의 리더가 되었으니 강력한 인적 네트워크를 구축하는 데도 큰 도움이 되었다. 이렇듯 이직을 할 때마다 새로운 브레인 맨파워들을 만나면서 나의 부족함을 하나둘씩 개선하고 보완해 나갔다. 다양한 세계를 경험하면서 경청하는 법 또한 배울 수 있었으니 끊임없이 자신을 계발하고 급변하는 시대 흐름을 읽기 위해 노력했을 때 전략적 이직이 가능하다는 것을 깨달았다.

우물 안 개구리임을 인정하는 자세

전략적 커리어 전문가인 페기 시멘손은 이직을 통해 커리어를 관리하려면 기업가적 사고로 전환해야 한다고 주장했다. 리더의 눈으로 현상을 바라봐야 리더처럼 일할 수 있기 때문이다. 그런 뒤에는 현상 유지에 만족하지 말고 지속적 개선이 가능한 곳, 로컬에서 글로벌로, 정형성에서 창조성을 강조하는 회사로 이직해야 한다고 덧붙였다.

여기에 한 가지를 더 추가하자면 자신이 우물 안 개구리라는 사실을 인정해야 한다는 것이다. 넓은 세계로 나아가면 똑똑한 사람이 너무나 많다. 자만심에 빠져 자기계발에 게으름을 피울 여유가 없다. 독단적으로 결정을 내릴 수도 없다. 주위 사람들의 의견에 귀 기울이게 되니 합리적인 판단이 가능해지는 것이다. 단, 리더가 되었다면 경청 못지않게 설득하는 능력도 필요하다. 이는 내게 부족한 점이기도 하다. 그동안 나는 경청을 우선시하며 설득에는 주저함을 보였다. 각 분야의 전문가들을 존중하기 위함이었다.

실례로 존슨앤드존슨메디컬에서 당뇨사업부 한국총괄상무

로 재직 중이던 2010년, 스마트폰이 우리나라에 보급되기 시작했다. 나는 3년 안에 스마트폰이 휴대전화 시장을 점유하리라 예상했다. 따라서 스마트폰을 통해 당뇨를 원격 진료하는 서비스를 제안했다. IT 기술을 접목시킨다면 당뇨 치료의 패러다임을 변화시킬 수 있다고 확신했던 것이다. 그러나 그 분야 전문가의 생각은 달랐다.

"한국의 휴대전화 시장이 스마트폰으로 교체되려면 10년 이상의 시간이 걸릴 것입니다."

나는 '빨리빨리'를 외치는 한국인의 민족성, 빠르게 IT 강국으로 진입한 저력 그리고 세계 흐름을 감안해 내 생각에 확신을 가지고 있었지만 결과적으로 전문가의 뜻에 따랐다. IT에 관해서는 상대가 전문가였으니 그의 의견을 존중한 것이다. 설득이 아닌 경청을 선택했다. 그리고 3년이 지난 2013년 한국의 휴대전화 시장은 스마트폰으로 완벽하게 교체되었다. 세상은 전문가도 쉽게 예측할 수 없을 정도로 빠르게 변하고 있었던 것이다. 이와 비슷한 일을 몇 차례 겪으면서 나는 한 가지 결론에 다다랐다. 경청도 매우 좋은 자세지만 자신의 생각에 확신이 든다면 상대를 설득하는 능력도 필요하다는 사실을 말이다.

물론 이때는 자신의 생각이 자신감인지 자만심에서 기인한 것인지 구별하는 능력이 전제되어야 한다. 이는 자신이 우물 안

개구리임을 인정하는 자세, 끊임없이 배우려는 열정 안에서 완성되는 능력이다.

힐러리가
성추문 스캔들을
극복한 힘

Excellence

내가 하는 일에서 탁월한 능력을 발휘한다면 일을 즐길 수 있게 되므로 승진의 기회가 많아진다. 반면에 능력이 없다면 주어진 모든 업무가 버겁게 느껴진다. 출근길부터 가슴이 답답하고 발걸음이 무거우니 결국 도태될 수밖에 없는 것이다.

그렇다면 탁월한 능력이란 선천적으로 타고나는 것일까? 오랫동안 수많은 상사를 모시고 아랫사람을 다스리면서 깨달았다. 열정과 성실함, 책임감과 솔선수범하는 자세만 전제되어 있다면 누구나 탁월한 능력을 발휘할 수 있다는 사실을 말이다. 왜냐하면 뚜렷한 목표와 성취욕이 있는 직원들은 상사가 일을 시킬 때까지 기다리지 않는다. 일을 찾아서 하다 보니까 능동적으로 회사생활을 하게 되고, 자연히 크고 작은 기회가 끊임없이 주어진다. 승진할 수 있는 확률이 높아지는 것이다.

일을 두려워하지도 않는다. 어려운 일이 주어지면 성과를 낼 때까지 개인시간을 반납하며 몰입한다. 그 과정에서 크고 작은 실수도 하지만 결과적으로 정해진 기간 내에 일을 끝마친다. 이는 책임감이 뛰어나다는 것을 의미한다. 그러나 무조건 예스맨은 아니다. 리더가 거절할 수 없도록 지혜롭게 불만을 이야기한다. 탁월한 능력을 발휘한다면 리더 역시 그의 불만과 요구사항을 수용할 준비가 되어 있기 때문이다.

또 다른 특징은 자기계발에 대한 욕구가 매우 크다. 앞서 말한 성취욕과 일맥상통하는데, 그러다 보니 대인관계가 원만할 수밖에 없다. 동료들과 어울리지 못하면 업무 협조를 받지 못한다는 것을 직감적으로 알고 있는 것이다.

업무 능력이 부족한 경우는 이와 정반대다. 그러나 모든 사람들이 탁월한 능력을 발휘할 수 없기 때문에 그들의 잠재 능력을 최대한 이끌어내야 한다. 개개인의 능력을 파악한 뒤에 그에 맞는 일을 주면서 조금씩 단계를 높여 나가는 것이다.

만일 그럼에도 업무가 두렵고 회사가 어렵다면 적성에 맞지 않은 일을 하고 있는지도 모른다. 도저히 역부족이라고 느낀다면 새로운 회사를 찾는 것이 현명하다. 그런 일이 반복된다면 동료들보다 3배 이상 더 열심히 일해야 하기 때문이다. 기업의 목적은 이윤 창출이기 때문에 뒤처지는 직원을 계속해서 끌고 가지는 않는다. 그래서 나는 직원들에게 탁월한 능력을 가지고 싶다면 확실한 목표와 꿈이 있어야 한다고 강조한다. 그래야 어떤 순간에도 흔들리지 않는다. 잠시 잠깐 흔들릴지라도 빠른 시간에

원래의 자리를 찾을 수 있다.

성공한 여자의 대명사라 불리는 힐러리 클린턴을 보자. 그녀는 남편의 스캔들로 인해 전세계 사람들의 입방아에 오르내리며 천길 나락으로 떨어지는 비통함을 겪었다. 여자로서, 아내로서, 어머니로서 그 상처가 얼마나 끔찍했겠는가. 하지만 그녀는 냉철하게 시련을 견뎌냈다. 여성 최초의 대통령이 되겠다는 꿈이 있었기 때문에 극한 순간에도 감정을 절제할 수 있었던 것이다. 솔직히 쉬운 일이 아니었을 것이다. 만일 그녀에게 꿈이 없었다면, 오로지 남편에게만 의지하며 살아왔다면 성추문을 견딜 수 없었을지도 모른다. 그러나 확실한 목표의식 아래 약점까지 강점으로 만들 수 있었다. 냉철한 이성, 온화한 품성이라는 평가를 받으며 남편의 그늘에서 완벽하게 벗어나 인생의 주인이 된 것이다.

위기가 기회가 된 것처럼 여성이라는 핸디캡이 장점으로 승화된 사례도 있다. 미국 최초의 여성 국무장관이었던 매들린 올브라이트가 주인공이다. 그녀를 떠올리면 많은 사람들이 브로치 외교를 기억한다. 여성성을 극대화시켜줄 수 있는 브로치를 통해 외교적 메시지를 부드러우면서도 강하게 표현했던 것이다. 걸프전 패배 후 이라크 언론들이 그녀를 독사라 부르자 회의석상에 뱀 브로치를 달고 나와 건재함을 보여주었다. 중동지역을 방문할 때는 평화의 상징인 비둘기 브로치를, 강경한 입장을 고수

해야 할 때는 벌 브로치를 착용하기도 했다. 대수롭지 않은 것처럼 보이지만 여성들만의 전유물이라 일컬어지는 브로치로 강력한 메시지를 전달한 것이니, 생물학적인 약점까지 성공의 디딤돌로 사용한 셈이다.

두 여성 모두 특유의 부드러움과 인자함 안에 불꽃처럼 뜨거운 열정, 강철보다 단단한 근성을 지니고 있었다. 그녀들을 보면 성공에 있어 장애물은 없다는 사실을 깨닫게 된다. 열정과 의지만 있다면 탁월한 능력을 쌓으며 누구도 대체할 수 없는 자신만의 커리어를 만들 수 있는 것이다.

리더에게
필요한
문제해결능력

Excellence

남성은 대체로 문제 해결 능력이 뛰어나다. 문제가 생겼을 때 상황에 대한 공감보다는 솔루션을 찾는 데 우선한다. 선천적으로 다각도에서 문제를 분석하고 여러 가지 해결 방안을 모색하는 것이다. 원시시대 때부터 수렵을 담당했기 때문에 본능적으로 위험을 감지하는 능력이 발달했는지도 모른다. 사냥감을 쫓는 동시에 사나운 짐승으로부터 몸을 보호해야 했을 테니까.

물론 누구나 장점이 다르겠지만 여성 리더라면 리스크를 관리할 때 남성들의 의견을 참고하는 것이 좋다. 또한 남성 리더 역시 중요한 결정사항이 있을 때 반드시 여성의 의견을 들어야 한다. 각기 다른 성性이 갖고 있는 특징이 있기 때문이다. 나 역시 문제를 해결하는 과정에서 함께 일했던 남자 동료들에게 자문을 구하곤 한다. 내가 미처 생각하지 못했던 아이디어를 구할 수 있기 때문이다. 성차별이 아닌 각자의 성이 갖고 있는 장점을 모두 취하기 위해서다.

물론 남녀의 성별을 떠나 가장 중요한 것은 경험이다. 경험이 풍부한 리더는 문제를 해결하는 과정에서 발생하게 될 위기 상황까지 예측한다. 다양한 시나리오를 쓰고, 각기 다른 액션 플랜을 세울 수 있다. 경험에 의해 체계화된 전략적 마인드가 상황 판단력을 정확하게 만들어준다는 뜻이다.

기업은 끊임없이 변화해야 한다. 지속가능한 성장 동력을 찾아야 할 때가 있는가 하면 패러다임을 변화시켜야 할 때도 있다. 리더의 기민한 판단력이 기업의 성패를 좌우하는 까닭이다. 내가 기업문화를 바꿀 때 실시하는 첫 번째 변화는 조직개편이다. 전체적인 분위기가 가라앉아 있다면 일하는 분위기로 만드는 것이 급선무이기 때문이다. 그래서 일부 직원을 승진시킨 뒤 권한과 책임을 부여하는데, 이러한 결정에는 리스크가 따른다. 경험이 부족한 직원에게 같은 조직 환경에서 좋은 업무 성과를 기대하기보다는 외부에서 인재를 스카우트하는 것이 훨씬 안정적일 수도 있기 때문이다.

그러나 나는 내부 직원에게 기회를 주는 것이 낫다는 생각이다. 승진에 앞서 일정 기간 동안 성과를 분석한 뒤에 업무 실적이 나아지지 않으면 원래의 직책으로 되돌아간다는 전제조건을 제시한다. 그러나 생각지도 못했던 기회가 주어지면 직원들이 열정적으로 변하기 시작한다. 그와 동시에 회사 분위기도 활력이 생기고, 열정적으로 바뀐다. 회사는 성과를 창출하고 직원들은 자신의 일을 사랑하게 되면서 일하는 분위기가 조성되는 것이다.

이렇듯 회사가 정체기에 놓였을 때 리더는 다각도에서 해결책을 강구한다. 인재를 스카우트할 수도 있고, 때로는 해고를 할 수도 있다. 또는 위에서 언급한 것처럼 승진을 통해 동기부여를 할 수도 있다. 상황에 따라 각기 다른 선택을 해야 하는데, 경험이 많을수록 올바른 판단을 할 수 있게 되는 것이다. 단, 자신의 판단이 실수로 이어졌다면 원인을 철저히 분석한 뒤에 반면교사로 삼아야 한다. 물론 성공했을 때도 마찬가지다. 경험이야말로 리더십을 완성시키는 자산인 것이다.

시나리오 경영으로 미래를 예측하라

경영 환경이 갈수록 다변화되면서 위험요소도 많아지고 있다. 따라서 리더는 빠르게 바뀌는 경영 환경을 미리 예측하고 위험 시나리오를 작성해 대비책을 강구해놓아야 한다. 경제학자 마이클 포터는 "시나리오 경영에 등장하는 미래는 예측이 아니라 반드시 실현될 일"이어야 한다고 설명했다. 통찰력이 없으면 리더의 자격이 없다는 뜻이다.

미래학자 에릭 갈랜드는 "충격과 확률 등을 통해 네 개의 잠재 시나리오를 구성하는 것이 바람직하다"고 설명했다. 시나리오가 두 개일 때는 이분법적 태도가 발생하고, 세 개일 때는 중간을 선택하다가 그릇된 선택을 하게 되며, 다섯 개 이상이면 혼란을 일으키므로 네 개일 때가 가장 이상적이라는 것이다.

이처럼 세계적인 석학들이 한목소리로 시나리오 경영의 중요성을 언급하는 것은 그만큼 사회가 복잡 다변화되었다는 것을 의미한다. 그러므로 미래에 발생하게 될 리스크에 능동적으로 대처하려면 리더 혼자만의 독단으로 판단해서는 안 된다. 직원들의 의견에 귀 기울이는 등 합리적인 의사결정권이 반드시 확보되어야 한다. 직원들의 참여도가 높을수록 혁신적인 대안책이 나올 수 있기 때문이다. 아울러 보다 객관적인 대안을 강구하는 차원에서 동종 업계에 오랫동안 근무한 이성 동료들에게 자문을 하는 것도 효과적인 방법이다. 리더와 직원, 남자와 여자가 지혜를 모았을 때 최상의 방법이 나올 수 있기 때문이다.

옥스퍼드대학 연구원인 케스 반 데르 헤이든은《위험을 최소화하는 시나리오 경영》을 통해 "시나리오 기획은 최고의 전략을 찾는다는 생각에서 벗어나 최고의 전략 수립 과정을 도입함으로써 끊임없이 변화하는 비즈니스 환경의 불확실성에 대응하는 것"이라고 설명했다.

즉, 시나리오 경영은 단순히 미래를 분석하는 것이 아니라 의사결정 과정에서 도출되는 여러 가지 변수를 서로 인식하고, 적극적인 해결 방안을 모색하는 과정에서 가치를 더하는 것이라고 설명할 수 있다. 더욱이 글로벌 기업은 여러 민족이 함께 일하는 곳이므로 다양한 의견이 나온다. 리더로서 귀를 활짝 열고 주위 사람들의 이야기에 귀 기울인다면 세계적으로 적용할 수 있는 새로운 패러다임의 혁신안이 탄생할 수 있다. 여성들 스스로 유리천장을 깨고 나아가 목표를 세우고, 자신의 잠재성을 일깨워 최고가 되도록 노력해야 한다.

Humanity

4

세계 리더,
덕장이 살아남는다

카리스마는
감정 관리에서
시작된다

Humanity

글로벌 기업의 리더를 살펴보면 대체로 덕장이다. 직원들 대다수가 똑똑하기 때문에 능력 그 이상의 가치, 즉 존경을 받느냐 받지 못하느냐가 리더를 결정하는 것이다. 그래서 글로벌 기업의 리더들은 직책이 가장 낮고 나이가 어린 직원에게도 존중과 배려를 잊지 않는다. 실례로 존슨앤드존슨에서 나를 비롯해 많은 임직원들에게 존경받던 보스는 좀처럼 화를 내지 않았다. 20년 가까이 함께 일했던 비서도 그가 감정을 조절하지 못해 상대를 불쾌하게 만드는 걸 보지 못했다고 한다. 업무를 지시할 때도 명령이 아닌 청유형 문장을 사용했다.

예를 들어 급한 일을 시킬 때는 팀의 상황과 업무의 특성을 먼저 말한다. 그러다 보니 지시를 할 때 5분 남짓한 시간이 소요된다. 직선적이고 빠른 것을 선호하는 한국인의 눈에는 비효율적으로 보일지 모른다. 바쁜 상황에 10초면 끝날 이야기를 5분씩 에둘러 말하니 말이다. 그러나 그 과정에서 직원들은 자신이 존중받고 있다고 느끼게 된다. 업무에 대한 설명을 듣고 나면 회사의 목표를 위해 직원 역시 최선을 다하고 싶은 마음이 들게 된다.

나는 그의 모습에서 따뜻함이 특별한 가치를 만든다는 사실을 배웠다. 아울러 여러 가지 상황에 대처하는 그를 보면서 '화'를 내느냐 참느냐는 전적으로 의지에 달려 있음을 깨달았다. 사람들은 대부분 똑같은 상황일지라도 친한 사람에게는 쉽게 화를 내지만 어려운 사람에게는 화를 내지 않는다. '화'는 의지로 조절할 수 있다는 뜻이다.

사실 나도 예전에는 화가 날 때 곧잘 감정을 표현하곤 했다. 직원들이 게으름을 피워 업무에 차질을 주었거나 융통성을 발휘하지 못할 때, 얼렁뚱땅 거짓말을 할 때면 화가 났다는 사실을 보여주고자 했다. 하지만 이제는 정말로 화가 날지라도 사람들이 그 사실을 몰랐으면 한다. 화를 낸다고 해서 달라지는 것은 없다는 것을 알았기 때문이다.

오히려 부드러움 속에 강인함을 숨길 때 전달력이 훨씬 강력하다. 대체로 사람들은 자신의 잘못을 누구보다 잘 알고 있다. 그래서 잘못을 지적하는 것보다 스스로 대안을 찾을 수 있도록 동기부여하는 것이 올바른 리더십이다. 다시 말해 존중이 담긴 단어와 부드러운 표현 속에 간결하고 강한 메시지를 담는 것, 이것이 바로 마음을 얻는 부드러운 카리스마다. 달리 말하면 감정을 컨트롤하지 못하는 것도 리더로서 부적합하다는 뜻이다. 두고두고 사람들의 입방아에 오르내리는 약점이 되기도 한다. 뿐만 아니라 화를 내면 자신이 더 힘들어진다. 에너지가 소비되고 스트레스가 쌓인다. 미간에 주름이 잡힐 테니 시간이 지날수록 나쁜 인상으로 굳어지게 된다.

그러나 이 모든 것을 떠나서 여성은 감정을 절제해야 한다. 안타깝지만 동서고금을 막론하고 여성이 화를 내면 히스테리로 몰아붙인다. 그 안에서 문제의 본질은 사라져버리고 신경질적이고 드센 여자만 남는다. 남녀가 평등하고 조직문화가 수평적인 글로벌 기업에서조차 여성에 대한 편견이 존재하고 있으니, 여성의 성공을 가로막는 보이지 않는 유리천장을 깨려면 여성 스스로 변해야 하는 것이다.

질문을 할 때도 이를 염두에 두어야 한다. 인간은 언어로 사고하므로 질문의 목적은 직원들 스스로 생각할 수 있도록 도와주는 도구가 되어야 한다. 예를 들어 "왜 이것밖에 못합니까?"식의 질타가 아니라 "일을 하면서 무엇을 배웠고, 또 다른 해결 방법은 무엇입니까?"로 하는 것이 바람직하다. 또 시제는 "대체 뭘 한 겁니까?" 대신 "결과적으로 이루고 싶은 것은 무엇입니까?"로 바꿔야 한다. 과거의 잘못을 지적하면 변명거리를 찾지만 미래지향적으로 질문하면 생각을 깨워 해결책을 도출하기 때문이다. 강압적인 태도가 아니라 직원을 변화시키는 힘, 이것이 바로 리더가 갖춰야 할 특별한 가치이며 덕장의 모습이다.

내가 중국인 멘토에게 배운 것

언젠가부터 우리 사회에 멘토 바람이 불기 시작했다. 꿈을 이루기 위해 현명하고 신뢰할 수 있는 스승에게 삶의 지혜를 배우는 것이다. 남보다 뛰어나고 싶다는 경쟁 심리에서 출발했지만 언젠가부터 성공 노하우보다는 치유받길 원하고 있다. 삶의 목적이 성공에서 행복으로 움직였다는 뜻이자 세상살이가 그만큼 치열해졌다는 역설적인 표현이기도 하다. 실제로 멘토에게 도움을 받으면 시야를 가리고 있던 희뿌연 안개가 거짓말처럼 사라진다. 목적지를 향해 앞으로 나아갈 수 있게 되는 것이다. 그래서 글로벌 기업에서는 멘토십을 적극적으로 활용한다. 경험이 풍부한 선배의 조언이 사고의 폭을 넓혀주기 때문이다.

존슨앤드존슨에 근무할 당시 나의 멘토는 덕장으로 소문이 자자한 중국 사장이었다. 세련된 패션과 꾸준한 자기 관리로 매우 스마트해 보일뿐더러 지위고하를 막론하고 누구에게나 친절했다. 힘겨워하는 직원이 있다면 멘토를 자처할 만큼 다정하면서 실력 또한 뛰어나 직원들의 신임이 두터웠다. 덕분에 계속해서 기회가 주어졌고 그의 커리어도 나날이 높아져갔다.

그를 떠올리면 가슴이 훈훈해지는 건 좋은 추억이 많아서다.

그가 하버드대학에서 3개월 동안 리더십 교육을 받을 때였다. 마침 근처에 있었던 나는 전화를 걸어 미팅을 요청했다. 바쁘리라 짐작했지만 의논할 일이 있었던 것이다. 그는 전화 한 통화에 흔쾌히 나와 주었고, 여러 가지 조언을 해주었다. 그 모습에 깊은 감동을 받으며, 그처럼 따뜻한 리더가 되어야겠다고 다짐했었다. 그래서 극도로 화가 났을 때도 미소를 잃지 않고, 이해관계를 떠나 도움을 청하는 사람이 있다면 최선을 다해 도와주고자 노력하고 있다.

내가 멘토일 때도 그처럼 진심으로 멘티를 대했다. 멘티가 성장할 수 있도록 도와주고, 문제가 생기면 함께 고민했다. 그러다 보니 멘티에게서 내 모습을 엿보며 코칭 과정에서 함께 성장할 수 있었다. 과거에 했던 실수를 되풀이하지 않게 된 것이다. 그런 의미에서 멘토십은 멘토와 멘티 모두를 성장시킨다.

만일 멘토가 없어서 고민이라면, 스스로 멘토를 찾아보자. 세 사람이 길을 걸으면 한 사람은 반드시 나의 스승이라 했는데, 설마 주위에 자신보다 훌륭한 사람이 없겠는가. 찾고자 하면 찾을 수 있다는 뜻이다. 그도 아니면 스스로 멘토가 되어보자. 이렇게 멘토와 멘티가 되었다면 감정을 철저히 배제하고 객관적인 입장에서 말해야 한다. 비판은 상대를 성장시키지만 비난은 모멸감을 주기 때문이다. 조언을 받아들이는 멘티 역시 상대의 말을 왜곡해서는 안 된다. 직장 내에서는 상하관계와 상관없이 서로를 존중해야 한다. 달리 표현하자면 제아무리 높은 자리에 앉아 있을지라도 커뮤니케이션 스킬이 부족하다면 멘토가 될 수 없다. 성공의 유무가 아니라 상대의 고민을 경청하고 공감하는 능력이 멘토의 자질이기 때문이다.

멘토십은 팀워크를 돈독하게 만드는 역할도 한다. 글로벌 기업에서 리더에게 근무시간 중 교육을 받을 수 있도록 경비와 시간을 할애해주는 이유다. 회식이나 워크숍 등 근무 이외의 시간을 통해 친분을 쌓는 것도 좋다. 리더와 직원들의 관계, 멘토와 멘티의 관계가 진실할수록 서로에게 좋은 영향을 끼치기 때문이다.

그 가운데 내가 가장 추천하는 스킨십 방법은 봉사활동 참여다. 봉사활동을 하다 보면 마음이 따뜻해지므로 자연스럽게 인문학적인 대화가 가능해진다. 그 안에서 서로의 가치관을 공유할 수 있게 되므로 진실한 교감이 이루어진다. 실제로 홀트아동복지회에서 장애인을 위한 사회봉사활동을 진행했는데 서로를 이해할 수 있는 좋은 시간이었다. 누군가를 정성껏 돕는 모습에서 인간적인 아름다움을 엿보게 되기 때문이다. 그런 의미에서 내가 열심히 살아가는 원동력 또한 훌륭한 멘토의 가르침과 멘티의 성장을 위해 노력한 결과라 믿는다.

나를 공격하는
사람에
대처하는 법

Humanity

계절이 바뀔 때마다 자연은 새로운 옷으로 갈아입는다. 봄이 오는 소리와 함께 꽁꽁 얼어붙었던 대지는 연둣빛으로 변하고 향기로운 꽃들이 만발한다. 여름에는 초록의 싱그러움이, 가을에는 붉은 단풍이 세상을 물들인다. 겨울에는 온 세상이 얼어붙지만 하늘에서 내리는 새하얀 눈 덕분에 또 다른 멋을 느낄 수 있다. 우리의 삶도 마찬가지다. 똑같은 모습, 똑같은 마음으로 평생을 살아갈 수는 없다. 눈 감는 순간까지 행복하기만 한 인생은 없으므로 통제할 수 없는 고통스러운 상황에 놓일지라도 견디고 이겨내야 한다. 위기를 어떻게 대처하느냐에 따라 결과가 다르게 나타나고, 인생의 깊이가 달라지기 때문이다.

직장생활도 마찬가지다. 회사는 가정과 달라서 자신을 싫어하는 사람, 공격하는 사람, 음해하는 사람 등 끊임없이 위기가 찾아온다. 예를 들어 잘못한 일이 없는데도 한직으로 발령이 났다면, 대체적으로 상사에 의한 음해일 확률이 높다. 자신보다 유능한 직원이 능력을 발휘하지 못하도록 원천 봉쇄하는 것이다. 자신의 자리가 위협받을지도 모른다는 위기감 때문이다.

그로 인해 악화가 양화를 구축하게 된다. 실제로 조직생활을 하다 보면 능력 있는 사람이 떠나고 자질이 낮은 사람들만 남게 되는 일이 비일비재하게 일어난다. 그래서 자신만의 대처법이 필요한 것이다.

첫 번째가 참고 견디는 것이다. 다른 하나는 불합리한 대우에 맞서고 싶다면 상사보다 정치적이 되어야 한다. 통상적으로 정치적이란 말의 의미는 이익에 따라 입장을 자유자재로 바꾸는 것을 뜻한다. 따라서 부정적으로 쓰이지만 사실 나쁜 것만은 아니다. 왜냐하면 인간은 누구나 자신만의 관점과 입장이 있기 때문이다. 이를 상호 조정하고 합의를 이끌어가는 과정이 곧 정치다. 다시 말해 정치적이라는 평가는 자신과 생각이 다른 사람을 설득하고 조율하는 능력을 의미한다.

나는 정치적인 성향이 뛰어난 사람은 아니다. 사람을 잘 믿는 편이다. 누군가 악의적으로 나를 속이고 음해한다면 속수무책으로 당할 수밖에 없다. 실제로 나는 목표한 것을 하나둘씩 이루며 순조로운 사회생활을 해왔다. 전략적으로 이직하면서 커리어를 쌓아나갔고 그 과정에서 아시아 총괄 리더 후보에 선정돼 리더십 연수를 떠나기도 했다. 하지만 호사다마라고 했던가. 가장 높이 날아오르고 있을 때 무방비 상태에서 날개가 꺾이고 말왔다. 오랫동안 함께 일하며 모셨던 리더에 의해서 말이다. 그가 공격적이고 기회주의자라는 사실은 알고 있었지만 그럼에도 불구하고 나는 대다수의 성과를 그의 공으로 넘겨주었다. 그가 더 좋은 자리로 승진하고, 내가 그 자리로 올라가는 것이 가장 이상적인 그림이라고 생각했기 때문이다.

순진한 착각이었다. 그는 내가 세계적인 권위의 마케팅 대상을 한국인 최초로 수상하던 해, 내 업무 평점을 최악으로 주었다. 아시아 총괄 리더가 될 수 없도록 철저히 방어벽을 친 것이다. 글로벌 기업의 원칙을 교묘하게 이용한 지능적인 플레이였다.

그때의 내 심정은 하늘이 무너지는 기분이었다. 배신이라는 단어의 의미와 고통을 몸과 마음으로 깨닫게 되었다. 내 전부를 걸었다고 해도 과언이 아닌 회사였지만 눈물을 머금고 이직을 결심할 수밖에 없었다. 그런 뒤에도 상처가 좀처럼 가시지 않았다. 뒤끝 없기로 자신하던 나였지만 2년 가까이 그때의 충격에서 헤어 나오지 못했던 것이다.

그때 나에게 맞서 싸워야 한다고 말했던 이들도 있었다. 그의 성품이 좋지 않아 많은 직원들이 적의를 품고 있었던 것이다. 그때 나를 잡아준 것은 "괴물 잡으려다 괴물 된다"는 유럽 속담이었다. 보란 듯이 나의 건재함을 보여주고 싶었지만 그 과정에서 내가 괴물이 된다면, 결과적으로 나 자신에게 당당할 수 없다고 생각했다. 그 마음으로 회사를 떠났지만 상처가 좀처럼 가시지 않았다.

슬픔과 시련이 어찌 나만 피해가겠는가

이제는 그때를 웃으면서 이야기할 수 있으니 어느 정도 상처가 치유되었나 보다. 공격적이거나 지나치게 정치적인 상사와 일하는 게 힘들다면 부서를 옮기거나 이직하는 것도 방법이다. 반대로 정말로 일을 못해서 한직으로 물러나야 할 때도 있다. 속상하고 창피해서 그만두고 싶은 생각이 들지도 모른다. 이 역시 통제할 수 없는 슬픔이다. 이때도 신중하길 권한다. 그동안 몸담고 있었던 부서가 자신의 적성과 맞지 않을 수도 있다. 한직에 머물면서 적성에 맞는 일을 찾아 도약할 준비를 하는 것도 바람직하다.

이렇듯 회사는 정글과도 같은 약육강식의 세계다. 동료와 선후배들 가운데 누가, 언제 날카로운 발톱으로 자신을 공격할지 알 수 없다. 조율하고 설득하는 능력, 주위 사람들을 자신의 편으로 만드는 친화력이 필요한 것이다. 달리 표현하자면 회복 탄력성이다. 인내심이 될 수도 있고, 정치적 성향이 될 수도 있으며, 적응력이 될 수도 있다. 무엇이 되었든 자신에게 맞는 능력을 발휘해 고통을 이겨내야 한다.

고통은 비단 직장생활에서만 일어나는 것이 아니다. 살다 보면 뜻하지 않게 고통의 수렁에 빠지게 된다. 건강이 나빠질 수도 있고 사랑하는 사람과 이별하게 될지도 모른다. 이때 회복탄력성이 뛰어나다면 고통에 잠식당하지 않으며 자신을 잃어버리지 않게 된다. 기쁨과 슬픔, 행복과 불행, 희망과 절망으로 뒤범벅된 인생의 끝에서 웃을 수 있게 되는 것이다. 일과 생활의 밸런스를 유지하는 것도 능력이다.

생각해보라. 슬픔과 시련이 어찌하여 자신만을 피해가겠는가. 좌절하고 분노하면서 조금씩 성장해가는 것이 인생이다. 나역시 권모술수에 능한 상사로 인해 견딜 수 없는 고통에 놓이기도 했다. 아끼는 사람을 떠나보내야 했던 적도 있었다. 그러나 고통을 이기는 과정에서 인간다움이 무엇인지 배웠고 곁에 있는 사람의 소중함을 다시금 깨닫게 되었다. 회복 탄력성이 좋아진 것이다.

그러니 이제부터는 지금의 시련이 내일의 행복을 열어주는 열쇠가 된다고 믿어보자. 불쑥불쑥 찾아오는 고통에 잠식당하지 않고 웃어 넘길 수 있을 때, 행복 또한 내 것이 되어 있을 것이다.

휴머니즘이
만드는
혁신

Humanity

세상에 없던 것을 만들어낼 때 우리는 혁신이라 부른다. 그로 인해 패러다임이 변하면서 전혀 다른 세상이 열리기 때문이다. 그 때문인지 우리는 혁신을 지나치게 거창한 것으로 생각한다. 스티브 잡스 같은 사람들이나 할 수 있는 일이라 여기는 것이다. 이 역시 맞는 말인 동시에 틀린 말이다. 혁신이 남과 다른 생각을 통해 새로운 것을 만들어내는 것은 맞지만 반드시 거창할 필요는 없다. 아주 작은 차이만으로도 삶이 편리해질 수 있다면 그것이 바로 혁신이기 때문이다.

내가 생각하는 혁신은 휴머니즘이 담겨 있어야 한다. 콜로플라스트에서 개발한 스피디캐스가 대표적인 예다. 이는 도뇨 카테타(소변을 빼주는 호스)의 하나로 방광 속 소변을 비워주는 역할을 한다. 기존의 도뇨 카테타는 번거로운 과정을 거쳐야 하는데, 스피디캐스는 말 그대로 이 모든 과정을 생략해 직장과 학교 등 외부에서도 불편 없이 배뇨를 할 수 있을뿐더러 감염을 최소화시키는 데 성공했다. 방광 질환으로 고통받는 사람들의 고민에 귀 기울인 결과였으니 휴머니즘이 깃든 혁신이라 말할 수 있다.

그럼에도 불구하고 해결되지 않는 문제가 있다. 1회용으로 사용해야 할 도뇨 카테타를 재사용하면서 요로 감염이나 패혈 증 등 2차 감염에 걸리는 것이다. 현재 우리나라에서는 선천적으로 도뇨가 어려운 사람 20~30퍼센트에게만 건강보험 혜택을 제공하고 있기 때문이다.

일련의 과정을 지켜보면서 콜로플라스트코리아의 CEO로서 내가 해야 할 일이 무엇인지 알게 되었다. 그에 앞서 배뇨 활동에 장애가 있다는 것은 일상생활이 매우 불편하다는 뜻이다. 그럼에도 불구하고 인공항문, 도뇨 카테타 등을 사용하는 환자들의 경우 목소리를 내려 하지 않는다. 자신의 고통을 드러내놓고 말하길 꺼리는 것이다. 결과적으로 건강보험 혜택의 사각지대에서 1회용 제품을 재사용하고 있으니, 그들의 목소리를 대변해 더 많은 환자가 급여 혜택을 받을 수 있도록 해야 한다. 아이스버킷챌린지 덕분에 루게릭병에 대해 전 세계인들이 관심을 갖게 된 것처럼 말이다.

이는 국가재정 차원에서도 이익이다. 도뇨 환자들이 건강보험 혜택을 받게 된다면 집이 아닌 사회로 나올 수 있기 때문이다. 그들의 적극적인 경제 활동이 결과적으로 국가 발전에 이바지할 수 있다는 뜻이다. 따라서 콜로플라스트의 CEO로서 이 사실을 입증하는 연구에 주력하고 있다. 세상에 없는 제품을 개발하는 것만이 혁신이 아니라는 뜻이다.

사실 도뇨 질환은 선천적인 질병이기도 하지만 후천적인 사고로 인해 발생하기도 한다. 실제로 우리나라는 OECD 국가 중 교통사고 사망률이 가장 높은 것으로 조사되고 있다. 보행 중 사고율도 가장 높으니 누구나 척수장애의 위험에 노출되어 있다는 의미다. 그럼에도 불구하고 척수장애인들이 건강보험의 사각지대에 놓여 있다는 것은 굉장히 불합리한 일이 아닐 수 없다. 척수 손상으로 인해 대소변에 불편을 겪는 모든 환자들에게는 건강보험을 적용해줘야 한다.

이는 비단 척수장애에 국한되는 일이 아니다. 우리 사회에는 복지의 사각지대에서 괴로워하는 이웃들이 너무나 많다. 존슨앤드존슨과 콜로플라스트가 나에게 그 사실을 가르쳐주었다. 덕분에 나는 자신의 행복만을 좇는 삶이 얼마나 이기적이며 나약한 삶인지 알게 되었다. 더불어 살아가는 세상에서 힘들어하는 이웃의 눈물을 닦아주지 않는다면 훗날 곤경에 처한 나를 위로해줄 이 또한 없다는 뜻 아니겠는가.

애정 어린 눈으로 세상을 바라봐야 하는 이유다. 그 안에서 내가 해야 할 일, 할 수 있는 일을 찾을 수 있다고 믿는다. 아울러 건강보험 적용뿐 아니라 척수장애인들이 집이 아닌 사회로 나와 보람찬 하루를 보낼 수 있도록 지원해야 한다. 이는 나뿐만 아니라 모든 의료인들의 의무일 것이다.

프레젠테이션을
잘하려면

Humanity

나이가 들수록 지혜로워지는 것은 다양한 경험을 통해 삶을 유연하게 바라볼 수 있기 때문이다. 그로 인해 앞으로의 일을 어느 정도 예측할 수 있게 된다. 선견지명이 생기는 것이다. 회사생활도 이와 비슷하다. 경험이 많을수록 문제를 해결하는 능력이 생긴다. 그런 의미에서 나는 경험만큼 훌륭한 스승도 없다고 생각한다. 따라서 기회가 된다면 다양한 경험을 쌓는 것이 커리어 관리에 효과적이다. 이직도 방법이 될 수 있다. 다만 이직을 할 때는 자신만의 차별화된 아이덴티티를 유지해야 한다.

나는 줄곧 마케터로 일했다. 제너럴모터스에 입사할 때도, 조선호텔에서도 프랭클린템플턴에서도 늘 마케터였다. 회사의 이름과 산업군은 달라졌지만 마케터라는 본질은 변하지 않았기 때문에 폭넓은 경험을 하며 깊이를 쌓을 수 있었다. 덕분에 각각의 경험들을 융합하며 나만의 노하우를 쌓을 수 있었다.

단, 경험이 값진 보물이 되려면 반드시 성과가 전제되어야 한다. 오랫동안 근무했을지라도 제 힘으로 이루어놓은 성과가 없다면 진정한 의미의 경력이 아니다. 이는 결코 어려운 일이 아니다. 오늘 하루 최선을 다한다면 내일 또 하나의 값진 경험을 얻을 수 있기 때문이다.

리더가 된 뒤에도 다양한 경험을 쌓아야 한다. 특별한 가치는 하루아침에 만들어지지 않기 때문이다. 덕장德將이 되려면 오랫동안 직원들을 존중하고 배려해야 한다. 지장智將이 되려면 뛰어난 전술을 통해 성과를 창출해야 한다. 이 두 가지를 아우르기 위해서는 오랜 경험이 필요하다. 그래서 나는 경험의 다른 이름은 열정이라 생각한다. 열정적인 사람은 지적 호기심이 풍부해서 새로운 경험을 원하고 도전을 즐긴다. 그 과정에서 끊임없이 성장하고 자신감이 생기게 된다. 그러나 아직도 경험해보지 못한 일이 너무나 많음을 알기에 자만하지 않고 노력하는 자세로 살아가려고 한다.

나의 프레젠테이션 비법

나는 수많은 업무 가운데 자신 있는 것 중 하나가 프레젠테이션이다. 지금까지 강점으로 평가받아왔으며 프레젠테이션의 결과 또한 늘 좋았다. 언변이 뛰어난 것도, 남 앞에 나서는 것을 좋아하는 성격도 아닌데 말이다. 그 이유는 전적으로 피나는 연습 덕분이었다.

프레젠테이션이란 전달하고 싶은 메시지를 청중에게 알리는 작업이다. 그래서 우물쭈물거려서는 절대 안 된다. 특히 글로벌 기업은 임원의 국적이 다양한 만큼 발음도 정확해야 하며 오랜 연습을 통해 말하고자 하는 내용을 머릿속에 완벽하게 입력시켜야 한다. 그런 뒤에는 프레젠테이션을 할 장소에 가서 여러 차례 실전처럼 연습해본다.

존슨앤드존슨의 부서장 시절 '휴대폰을 이용한 당뇨 원격진료'에 관한 프레젠테이션을 진행한 적이 있었다. 삼성전자 사장이 배석한 중요한 프로젝트였기 때문에 수차례 리허설을 진행하며 실전감각을 익히기 위해 노력했다. 한국 기업에서 궁금해할 만한 질문 리스트도 뽑아놓았고 답변도 함께 준비했다. 결과는 매우 성공적이었다. 물론 연습을 많이 해도 긴장되는 건 어쩔 수 없다. 하지만 연습에서 완벽했다면 자신감이 생기므로 조금 덜 긴장하게 된다. 자칫 실수를 하더라도 당황하지 않고 이어나갈 수 있게 된다.

프레젠테이션에서 겪는 난관은 예상과 다른 질문이 나올 때다. 설상가상으로 질문의 답을 모른다면 당황할 수밖에 없다. 그러나 그 사실을 얼굴에 드러내는 것은 프로답지 못한 행동이다. 침착하고 정중하게 모른다는 사실을 밝히는 것이 좋다. 끝난 후에는 반드시 답을 찾아 서면이나 메일로 전달하도록 한다. 혹자는 얼렁뚱땅 대답하는 것도 순발력이라고 한다. 질문에 답을 못하면 프레젠테이션 준비가 미흡하다고 느껴 그 안에 담긴 내용까지 불신할 수 있기 때문이다. 그러나 이는 상대가 답을 확인할 수 없을 때만 가능한 일이다. 또한 프레젠테이션을 듣는 청중들은 내공이나 연륜으로 얼렁뚱땅 대답하는 것을 다 알아차린다. 진실되고 정확한 정보를 전해주는 것이 프레젠테이션의 목적이다. 돌발 상황을 넘기기 위해 어설프게 대처하다 전체를 망쳐버리는 우를 범하지 않는 것이 중요하다.

프레젠테이션을 잘 만들려면 말하고자 하는 내용을 슬라이드 안에 간결하게 담도록 해야 한다. 잘하고 싶다는 욕심에 너무 빼곡히 글을 적는 것은 지양한다. 핵심 문장만 적고 나머지 이야기는 구두로 설명하는 것이 바람직하다. 또 슬라이드 안에 적힌 문장을 그대로 읽는 것은 좋지 않은 방법이다. 눈으로 숙지한 내용을 반복해서 읽어주는 것에 불과하기 때문이다. 반드시 적힌 글과 말은 달라야 한다.

음료수를 준비하는 것도 좋은 방법이다. 갑자기 말문이 막히거나 긴장감이 고조될 때 물을 한 모금 마시면 자연스럽게 화제를 전환할 수 있고, 긴장감도 해소된다. 시선 처리가 어렵다고 하는 사람이 많다. 그럴 때 나는 가장 편한 사람의 눈을 바라보라고 조언한다. 자신의 이야기에 고개를 끄덕이는 등 긍정적인 제스처를 취하는 사람을 보면 긴장감이 완화된다. 그런 뒤 점차적으로 그 주변 사람들과 눈을 마주친다. 간혹 주체할 수 없이 너무 떨릴 때는 청심환 등을 먹는 것도 추천한다. 약의 효능보다 약을 먹었다는 이유만으로도 마음에 안정을 주기 때문이다. 원래 목소리가 작은 사람이 목소리를 크게 내려 하면 힘이 부쳐서 발표 중간에 떨리게 된다. 그럴 때는 마이크를 준비하는 것이 좋으며 몸을 따뜻하게 하는 것도 좋은 방법이다.

의상의 경우 블랙을 비롯해 무채색 계열이 가장 안전하다. 지나치게 화려한 복장과 액세서리는 프레젠테이션의 몰입을 떨어뜨릴 수 있다. 점잖지만 힘이 느껴지는 옷과 그에 어울리는 구두, 포인트가 될 수 있는 액세서리를 착용하는 것이 효과적이다.

프레젠테이션 스킬이 생기면, 시작과 동시에 메시지를 전달하는 것보다는 오늘의 날씨를 언급한다거나, 부드러운 유머로 긴장된 분위기를 풀면서 자연스럽게 이야기를 끌고 가는 것이 바람직하다. 너무 긴장된 모습을 보이면, 듣는 사람도 불편하기 때문이다. 또한 유머러스한 이야기로 말문을 열면, 청중의 관심을 한 번에 끌어당길 수 있으므로 일종의 기선 제압이 가능해진다.

누구나 프레젠테이션이나 청중 앞에서 하는 발표를 망쳐본 경험이 한두 번씩 있을 것이다. 그 경험을 트라우마로 여기거나 부끄러워하지 말자. 언젠가 했을 실수를 미리 경험했으니 앞으로는 그보다 더 나아질 것이기 때문이다. 어떤 결실도 고통 없이는 얻을 수 없다. 작은 일이라도 최선을 다했던 시간이 쌓이고 쌓여 '나'를 완성한다는 사실을 잊지 말길 바란다.

임원들은
지하철을
탄다

Humanity

한 번은 회사분들과 이런 농담을 한 적이 있다. 신입사원은 BMW를 타고 부장은 그랜저를, 임원은 지하철을 탄다는 것이다. 생각해보니 맞는 것 같아 웃지 않을 수가 없었다. 이 말 속에는 재미있는 사회적 현상이 반영돼 있었다.

회사에 갓 입사한 사원들은 젊은이의 패기로 꿈꿔온 차를 통 크게 장만해 끌고 다닌다. 40~50대 나이의 부장급 직원들은 남들이 생각하는 자신의 위치와 월급쟁이의 빠듯한 월급 사정을 절충해 차를 장만한다. 그렇다면 임원들은 왜 지하철일까?

글로벌 기업의 임원들은 해외 체류 경험이 많다. 선진국이라고 불리는 나라의 사람들은 오히려 검소하다. 빈부격차도 적으며 대체로 균등하게 소득이 높으니 과시적 소비보다는 실속을 중시하며 삶의 내실을 추구한다. 물론 고급차를 타는 CEO도 있다. 하지만 한국사회처럼 암묵적으로 합의된 소비 레벨 같은 것이 없다. 실용과 내실을 추구하며 살기 때문에 사회적 수준을 맞추기 위한 개인의 손실이 적은 편이다. 그러기에 글로벌 기업 임원들은 비용 대비 가장 효율이 높은 대중교통을 이용하는 경우가 많다.

한국 역시 교통이 혼잡하기 때문에 본의 아니게 약속시간에 늦을 때가 생긴다. 예상보다 차량이 너무 많아 정체가 지속될 때가 있는가 하면 사고 차량 탓에 꼼짝달싹도 못할 때가 있다. 째깍째깍 흐르는 시곗바늘을 보면서 가슴을 졸이다 보면 진땀까지 흐른다. 대중교통을 이용했다면 겪지 않아도 될 고통이다.

그래서 나는 출퇴근을 비롯해 크고 작은 미팅이 있을 때 주로 대중교통을 이용한다. CEO와 임원진들에게는 회사에서 차가 제공되지만 대중교통을 이용할 때 시간을 정확하게 계산할 수 있을뿐더러 그 시간을 이용해 사무실에서는 할 수 없는 일을 할 수 있기 때문이다.

지하철에 오르내리는 사람들을 보면서 트렌드를 알게 되고 세대별 라이프스타일을 엿볼 수 있다. 주위 사람들의 대화를 듣다 보면 자연스럽게 관심사가 무엇인지도 알게 된다. 역에 붙은 광고를 보고 요즘 인기 있는 연예인은 누구인지 파악하고 젊은 여성들의 관심사는 무엇인지, 어떤 책을 읽고 있는지를 알 수 있다. 소비자의 심리를 파악하고 니즈를 만족시켜줘야 하는 마케터에게 이보다 좋은 장소가 어디 있겠는가. 버스를 타고 다닐 때도 나는 창문 밖을 내다보느라 시간 가는 줄 모른다. 무수한 광고들을 보면서 효과적인 광고 콘셉트와 주목성을 높이는 디자인이 무엇인지 자연스럽게 배울 수 있다.

대중교통을 이용하면 검은색 대형차가 주는 중압감 없이 상대방을 만날 수 있으면서 약속을 잘 지키는 사람, 시장의 변화와 소비자의 니즈를 앞서 예측할 수 있는 마케터가 되는 것이다. 아울러 운동까지 할 수 있으니 일석삼조다. 그러다 보니 굽 높은 하이힐보다 오래 걸어도 다리가 아프지 않은 신발이 나에게는 가장 멋진 구두다. 화려한 삶을 동경하기보다는 주어진 삶을 개척하면서 성장하고 싶었던 마음이 내 신발과 라이프스타일까지 바꾸어놓은 것이다.

그런 연유로 회사 주차장에서 좀처럼 내 차를 보기 어렵다. 겉으로 보이는 모습보다 내면이 알찬 사람이 되는 것이 훨씬 중요하다는 것을 알기 때문이다.

혁신은
늘
낯설게
찾아온다

Humanity

프로스펙스라는 브랜드를 처음 만든 국제상사는 이제 역사의 뒤안길로 사라졌지만 내 가슴속에서만큼은 여전히 살아 있다. "비상구는 항상 출입구 반대편에 있다"던 회장님의 말씀이 사고의 폭을 넓혀주었기 때문이다.

남들과 똑같이 생각하면 위급한 상황에 탈출할 수 없다는 뜻이니 살아남기 위해서는 크리에이티브하게 생각할 수 있어야 한다. 이는 하루아침에 만들어지는 것이 아니다. 다양한 경험이 쌓이고 쌓였을 때 이를 융합하는 과정에서 세상을 놀라게 하는 혁신이 탄생할 수 있다. 즉, 창의성은 선천적인 재능인 동시에 후천적으로 계발할 수 있다는 뜻이다. 그런 의미에서 똑똑한 이직 또한 차별화된 커리어를 만드는 구심점이다. 혁신을 강조하는 글로벌 기업이 끊임없이 근무 환경을 새롭게 변화시켜 직원들의 사고가 획일화되지 않도록 배려하는 이유다.

그러나 환경보다 더 중요한 것은 리더의 역할이다. 주입식 교육에 길들여진 리더는 문제를 제시함에 있어 가이드라인을 만들고 암묵적으로 이를 따르도록 유도한다. 직원들 스스로 사고할 수 있는 기회를 차단시켜 버린다. 지나치게 간섭하거나, 직원들의 의견을 무시하기도 한다. 부하직원이 스티브 잡스라도 혁신이 탄생할 수 없게 되는 것이다. 물론 훌륭한 리더는 업무를 지시하는 데 있어 대안책도 마련해준다. 직원보다 사고의 폭이 넓고 깊기 때문인데, 이때 권위적인 태도로 명령하느냐 직원의 창의성을 깨우느냐에 따라 리더십이 결정된다.

예를 들어 직원의 기상천외한 아이디어를 수용하면서 리더의 경험을 접목시킬 수 있다면 아무도 상상하지 못한 혁신이 탄생할 수 있다. 경청하는 리더가 직원들의 창의성을 깨운다는 뜻이다. 따라서 혁신은 언제나 낯설고 황당하게 다가온다는 것을 기억해야 한다. 리더의 눈에 다소 엉뚱해 보이는 직원이 있을지라도 그의 의견을 존중해줘야 한다. 광고의 아버지라 불리는 데이비드 오길비와 같은 숨은 보석일지도 모르기 때문이다.

38세의 실업자입니다. 대학을 중퇴했습니다. 요리사, 세일즈맨, 외교관을 거쳐 농사도 지어봤습니다. 마케팅에 대해서는 아무것도 모르고 카피는 써보지 않았습니다. 광고가 재미있어서 업으로 삼겠다고 결심했으며 연봉 5,000달러를 희망합니다.

사실 이러한 구직광고를 본다면 나의 선택은 예나 지금이나 여전히 물음표다. 그러나 이러한 엉뚱함이 그를 세계적인 카피라이터로 만들어주었으니, 우리들의 생각이 지금보다 더 열려 있어야 한다는 뜻일 게다. 우리에게는 낯설다 못해 경박하기까지 한 이 구직광고를 재미있게 여기는 문화, 이것이 바로 글로벌 기업의 특징이다. 그런 의미에서 나는 한국인에게 가장 부족한 것이 크리에이티브한 사고가 아닐까 한다.

이는 남녀를 떠나 뿌리 깊은 유교사상과 체면을 중시하는 문화 속에서 굳어진 한국인의 DNA이기도 하다. 민족성을 변화시키면서까지 크리에이티브해져야 하는 이유는 혁신만이 세상의 패러다임을 변화시키기 때문이다.

이는 전혀 다른 생각에서부터 출발한다. 출입구 반대편에 비상구가 있다는 사실, NO를 뒤집으면 ON이 된다는 사실 등을 기억한다면 남과 다른 생각이 그리 어렵지만은 않다는 것도 알게 될 것이다. 다시 말해 리더를 꿈꿀 때도, 지금 이 순간 글로벌리더일 때도 끊임없이 창의적인 생각을 하기 위해 노력해야 한다.

다만 상사의 질책은 있는 그대로 받아들여야 한다. 예민하게 받아들여서 뜻을 왜곡하는 것은 바람직하지 않다. 예를 들어 "일을 왜 이렇게 했습니까?"라는 말에 '나를 싫어하나?'로 해석한다면 이는 남과 다른 생각이 아니라 자격지심 그 이상도 이하도 아님을 명심해야 한다. '여자의 적은 여자'라는 부조리한 명제 역시 뒤집어야 한다. 사람과의 관계에도 크리에이티브한 사고가 필요하다는 뜻이다. 이를 위해서는 질투심을 긍정적인 감정으로 바꿔야 한다. 남성 중심의 회사 분위기, 남성들의 빠른 승진, 서로를 끌어주는 남자들의 의리 등이 질투의 대상이 된다면 보다 많은 여성들이 글로벌 리더가 될 수 있다.

오리지널 아이디어는 없다

그동안 한국 기업은 발 빠른 2등 전략, 즉 패스트팔로를 추구하며 창조적 모방을 통해 글로벌 경쟁력을 확보해왔다. 이는 모방 안에 창조를 추가한 것으로서 제품 연구개발비와 시장 개척비용을 절감하면서 초기 제품의 단점까지 뛰어넘을 수 있다는 장점이 있다. 원천기술이 없었던 한국에 안성맞춤인 비즈니스 모델이었다. 그에 따라 세계 각국에서 한국을 일컬어 카피캣이라 조롱하기도 했었다. 그랬던 한국이 삼성전자를 비롯해 퍼스트무버로 자리 잡기 시작했다.

　세상의 패러다임은 하루아침에 바뀌는 것이 아니다. 패스트팔로를 거치지 않고는 퍼스트무버가 될 수 없으므로 기존의 것에서 조금씩 변화하는 법, 익숙한 것을 다르게 해석하는 법을 배워야 한다. 이것이 바로 진정한 크리에이티브다.

《모방경제》의 저자이자 지적재산권 전문가인 칼 라우스티알라와 버지니아 법대 교수인 크리스 스프리그먼은 〈포브스〉에 게재한 칼럼을 통해 "애플의 스티브 잡스도 제록스의 팰로앨토연구소에서 그래픽 유저 인터페이스를 본 뒤 이를 응용해 매킨토시를 만들었다"고 설명했다. 전 세계의 모든 퍼스트무버가 사실은 모방에서 시작했다는 의미다. 세계적인 경영학자 로버트 서튼 교수 역시 "당신이 새로운 아이디어를 가졌다고 생각한다면 그것은 틀렸다. 그 아이디어는 오리지널하지도 않다. 단지 당신은 그것을 다른 누군가에게서 훔친 것이다"라고 말했다. 모방을 일컬어 창조의 어머니라 부르는 이유다.

혁신의 아이콘을 꿈꾼다면 시대의 흐름을 판단하는 기민함이 필요하다. 그 안에서 미래를 예측하는 능력과 창의력이 생긴다. 만일 생각을 바꾸는 것이 어렵다면 말과 행동을 바꾸는 연습부터 해보자. 평소와 다른 오늘이 크리에이티브의 원천이 되어줄 것이다.

어떤
리더가
될 것인가

Humanity

사람은 기분이 좋을 때 일도 잘한다. 그래서 나는 직원들이 평소와 달리 실수를 자주 한다면 질책에 앞서 문제가 무엇인지 살펴본다. 이야기를 나눠보면 대개 집안에 우환이 생겼을 때가 많다. 그럴 때는 그가 통제할 수 없는 고통에서 회복될 때까지 기다려주려고 노력한다. 회사의 목적이 이윤 창출이라 해도 힘들어하는 직원을 더 고통스럽게 만들어서는 안 된다는 것이 나의 경영 철학이다.

이는 오랜 경험을 통해 깨닫게 된 리더십이기도 하다. 울적한 사람을 나무라면 능률이 더 떨어지기 때문이다. 특히 한국인은 감성적인 면이 강해 이러한 성향이 두드러지게 나타난다. 기분이 좋으면 짧은 시간에 응집해 기적을 만들어내지만 반대가 되면 쉽게 무기력해진다. 스마트한 두뇌와 근면성실함 그리고 심플함이 바로 한국인의 특징이자 저력인 것이다. 따라서 리더는 이 같은 심리를 활용해 공동의 목표를 세우고 성과 역시 함께 나눌 수 있는 시스템을 만들어야 한다. 여기서 말하는 성과란 연봉 인상일 수도 있고, 리더의 인정일 수도 있다. 개개인의 니즈를 만족시킨 뒤 감동을 주는 것을 가리켜 시추에이셔널 리더십이라 부른다.

예를 들어 30대를 전후해서는 결혼과 자녀 교육 등 지출이 많은 시기이므로 연봉을 중시한다. 반면에 40대 중반이 넘으면 가치 있는 일에 종사하며 존중받길 원한다. 나이와 성별은 물론 국적, 종교, 살아온 배경에 따라 원하는 것이 제각각 다르므로 시추에이셔널 리더십을 발휘해 모두의 만족을 이끌어내야 한다. 이 또한 애정을 갖고 관찰하는 방법밖에 없다.

설사 능력이 조금 부족한 직원이 있을지라도 비난하고 질책해서는 안 된다. 계속 질책이 이어지면 직원의 자존감이 떨어지면서 업무 실적도 엉망이 된다. 하버드 경영대학교의 토머스 들롱 교수 역시 'B급에게 박수를'이란 글을 〈하버드 비즈니스 리뷰〉에 기고하며, 회사 인력의 60~80퍼센트를 차지하는 B급 인재들이 결국 기업의 성패를 좌우한다고 설명했다. 리더의 관점에서 볼 때 다소 부족해 보여도 과반수를 차지하는 직원들의 사기를 충족시켜주어야 한다는 뜻이다. 이를 증명하듯 성공한 리더들은 대체적으로 의인불용 용인불의疑人不用 用人不疑를 실천하고 있다. 의심나면 쓰지 말고, 일단 쓰기로 마음먹었으면 결코 의심하지 않아야 한다.

여기에 한 가지를 더 추가하자면 전 직원이 납득하고 공감할 수 있는 빅픽처를 그려야 한다. 공동의 목표를 세우고 직원들의 동기부여를 일깨우는 것이다. 가장 먼저 해야 할 일은 회사의 현재 상황을 객관적으로 분석하는 것이다. 그래야 직원들 개개인의 업무를 구체적으로 가르쳐줄 수 있다. 왜냐하면 직원들 스스로 빅픽처를 그릴 수 없기 때문이다. 이는 역량이 부족해서가 아니다. 회사의 중장기 비전을 수립하고 직원을 적재적소에 배치하는 것이 리더의 역할이다. 이처럼 구체적인 업무를 지시하는 것을 가리켜 액션플랜이라 부른다. 즉, 이루고자 하는 목표를 3년 주기로 세우고 분기별로 전략을 수립한 뒤에야 액션플랜을 결정할 수 있으므로 목표, 전략, 액션플랜이 모여 빅픽처가 되는 것이다. 회사의 철학과 가치가 담겨야 함은 물론이다.

예를 들어 콜로플라스트는 척추 손상으로 인해 일상생활에 불편함을 겪는 환자들을 위해 도뇨 카테타와 상처 치료 제품 등을 생산, 판매하는 의료기기 회사다. 우리가 흘린 땀방울이 힘들어하는 환자의 삶을 개선시키고 세상을 풍요롭게 만들어준다. 그것만으로도 우리의 일은 충분히 자랑스럽다.

이것이 바로 회사가 직원들에게 줄 수 있는 원대한 가치이며 철학이다. 자신의 일이 세상을 혼탁하게 만든다면, 리더가 그 어떤 빅픽처를 제시한다 해도 자부심을 가질 수 없다. 따라서 나는 직원들에게 지금 현재 우리 회사가 서 있는 위치를 객관적으로 설명한 뒤 해야 할 액션플랜을 구체적으로 제시하고 자부심을 심어주고자 노력한다. 우리가 하는 일이 얼마나 멋있고 가치 있는 일인지 끊임없이 이야기하는 것이다. 이는 그들을 위한 빅픽처인 동시에 나를 위한 빅픽처다. 열심히 땀 흘려 일해야 하는 이유를 나 스스로 깨달을 수 있기 때문이다.

Balance

일과 삶의 균형

내 안의
작은 우물
마르지 않게

Balance

혼기를 놓친 싱글은 집안의 걱정거리가 되곤 한다. 안타깝지만 친구들과도 소원해진다. 늘 함께할 것 같았던 친구들과 이제 삶의 패턴이 달라졌으니 물 위를 떠도는 부유물처럼 겉돌게 되는 것이다. 혼자 남을지도 모른다는 두려움과 외로움을 이기지 못해 적당히 현실과 타협해 결혼을 위한 결혼을 하기도 한다. 서른이라는 이름의 강을 무사히 건너 안정 궤도에 들어선 것처럼 느껴지는 이들도 현실은 그리 녹록하지 않다. 아이를 낳고 양육하는 과정에서 문득문득 공허한 불안감이 밀려오는 것이다.

한 남자의 아내가 되고, 아이들의 엄마가 되었다면 더 이상 흔들리지 말아야 할 텐데 여전히 공허한 이유는 무엇일까? 어쩌면 늙어가는 자신의 모습이 싫어서일 수도 있고, 권태로움과 무기력으로 대변되는 마흔에 거부 반응이 일어나는 것일지도 모른다. 설상가상으로 결혼생활에 권태기가 찾아온다면, 출구가 없는 미로에 홀로 버려진 것처럼 불안하고 두려워진다.

오정희의 단편소설《옛우물》은 이 같은 여성들의 마음을 가감 없이 표현하고 있다. 권태로움에 사로잡힌 중년 여성은 일상을 촉촉이 적셔줄 단비를 기다리지만 이는 불가능한 일이었다. 그렇다고 해서 치명적인 사랑에 빠질 용기조차 없다. 결국 이 세상 사람이 아닌 옛사랑의 흔적을 찾아 헤맨다. 이는 옛 연인도, 옆에 있는 남편도 그리고 자기 자신도 사랑할 수 없을 만큼 메마른 가슴이 되었다는 것을 은유한다.

책 속에 등장하는 말라버린 우물을 보며 주체적으로 살지 않고 남편에게 의지했던, 아이에게 헌신했던 여자의 비애를 보는 것만 같았다. 물이 나오지 않는 말라버린 우물이란 살아 있지만 제 스스로 생각하지 못하는 무기력한 삶과 다를 바 없으니 말이다. 원숙해 보이는 여성들에게서도 가끔 마음속 말라버린 우물을 보게 되면 안타까울 때가 많다.

서른에 흔들렸다면 결혼을 하지 못해서가 아니다. 마흔에 흔들렸다면 늙어버린 겉모습 탓이 아니다. 서른에도 마흔에도 흔들리는 이유는 자신이 삶의 주인이 아닌 까닭이다. 타인의 시선에 자신을 맞추려한 잘못, 선택하지 않고 선택받으려는 수동적인 자세, 콤플렉스를 극복하지 못하고 타인에게 의지한 어리석음 등등이 쌓여, 자신의 영혼을 흔들어놓는 것이다.

물론 꿈을 이루기 위해 도전하는 것만이 주체적인 삶이라 단언할 수는 없다. 결혼을 할 때도, 아이를 낳을 때도, 전업주부를 선택할 때도 전적으로 자신의 생각과 의지에 따랐다면 이는 충분히 주체적인 삶이다. 스스로 어려움을 이겨내고, 세월의 흐름 속에서 자신이 만족할 수 있을 만큼 성장해나갔다면 말이다.

말라버린 우물, 어떻게 다시 채울까

윌리엄 제임스는《심리학의 원리》를 통해 "사회에서 밀려나 모든 구성원으로부터 완전한 무시를 당하는 것보다 더 잔인한 벌은 생각해낼 수 없을 것이다. 방 안에 들어가도 아무도 고개를 돌리지 않고, 말을 해도 대꾸도 안 하고 무슨 짓을 해도 신경도 쓰지 않고, 만나는 모든 사람이 죽은 사람 취급을 하거나 존재하지 않는 물건을 상대하듯 한다면, 오래지 않아 울화와 무력한 절망감을 견디지 못해 차라리 잔인한 고문을 당하는 쪽이 낫다는 생각이 들 것이다"라고 했다.

사회로부터 밀려나는 원인 중 한 가지는 경제활동 중단이다. 경제활동을 하지 않는다는 것은 의식주를 전적으로 타인에게 의지한다는 뜻이므로 선택권이 축소될 수밖에 없다. 성경 데살로니가후서에도 '일하지 않는 자여, 먹지도 말라'고 했으니 경제활동은 인간이 마땅히 누려야 할 권리이자 짊어진 의무인 것이다.

선택권이 축소된다는 것은 자신의 뜻을 관철시키기 어렵다는 의미다. 가정이라는 울타리 안에서 목소리를 낼 수 없게 된다

면 부부로 살아온 시간이 허무하게 느껴지고, 자존감마저 낮아
지게 된다.

실례로 지난날 우리네 어머니들은 아버지를 하늘처럼 떠받
들며 살았다. 평등한 관계가 아니라 상하수직관계였다. 경제권을
가진 아버지들에게 막강한 권력이 주어졌기 때문이다. 문제는 가
부장적인 사회에서 권리를 빼앗긴 채 숨죽여 살던 여인들의 슬
픔이 지금 이 순간까지 이어지고 있다는 사실이다.

해결 방법은 자신의 이름을 되찾고, 한 사람의 인격체로 살
아가는 것이다. 이는 경제적 자립에서 시작한다. 적은 금액일지라
도 땀 흘려 일한다면 살아 있음을 느끼게 되고, 이 사회에 꼭 필
요한 구성원임을 깨닫게 될 것이다. 결과적으로 남편 또는 제3자
에게 의지하지 않게 되므로 평등한 관계를 유지할 수 있다. 도덕
과 관습에 어긋나지 않는 한도에서 원하는 대로 살 수 있는 권리
를 부여받게 된다.

세상이 변했고 변해야 하는 지금도 "할 줄 아는 게 없어" 하
는 여인들의 푸념이 이곳저곳에서 들려온다. 잠시 쉬었다가 다시
일을 시작하려면 엄두가 나지 않는 것이 사실이다. 그렇게 생각
되면 고개를 돌려 주위를 살펴보자. 정부가 운용하는 여성 재취
업 지원 프로그램, 시스템이 있으니 열정만 있으면 새로 시작할
수 있을 것이다. 그래도 취업이 어렵다면 불가능한 꿈에 도전한

것은 아닌지 점검해보자. 실현 가능성이 있는 꿈에 도전한 뒤 계단을 오르듯 한 계단씩 앞으로 나아가는 것이 바람직하다.

"삶에 대한 절망 없이는 삶에 대한 희망도 없다"는 알베르 카뮈의 말처럼 살다 보면 좋은 일도 있고, 나쁜 일도 있다. 결혼생활 역시 마찬가지다. 남편에게 의지해야 할 순간이 있는가 하면 남편을 대신해 가장 역할을 해야 할 때도 있다. 중요한 것은 어떤 순간에도 자신이 삶의 주인이라는 사실을 잊지 않고 주체적으로 살고자 노력하는 것이다. 그렇게 해야 절망적인 상황에서도 희망을 찾게 될 것이다.

세월이란 젊음을 빼앗아간 야속한 대상이 아니라 인생의 깊이와 진한 행복을 차곡차곡 쌓아준 은혜로운 선물이다. 세상을 살아가는 데 있어 주체적으로 생각하고 판단했으며 실천한 덕분이다. 지금도 나는 이른 아침 눈을 뜰 때면 나 자신에게 나지막이 속삭인다. 조금도 더 지혜롭고 현명한 사람이 되기를, 조금 더 진취적이고 열정적인 사람이 되기를, 조금 더 따뜻하고 이해심 많은 사람이 되기를. 이것이 내가 평생을 걸쳐 이루고 싶은, 이루어야 할 꿈이기 때문이다.

일과 가정의
우선순위
잡는 법

Balance

밸런스, 즉 균형은 내가 좋아하는 단어 중 하나다. 낮과 밤이 있어 하루가 풍성하고 더위와 추위가 공존해 세상이 아름다운 것처럼 성공하기 위해서도 밸런스가 맞아야 한다. 특히 일하는 여성이라면 가정과 회사 사이에서 밸런스를 맞춰야 한다. 이는 말처럼 쉬운 일이 아니다. 앞서 말했듯 가족들이 이해해주고 적극적으로 지원해준다면 괜찮겠지만 그렇지 않을 경우 분란이 생길 수 있기 때문이다. 실제로 함께 일했던 동료들 가운데 이 같은 문제로 고민하는 여성들이 많았다.

안타깝게도 그녀들이 찾은 해결책은 회사를 그만두는 것이다. 작은 신호를 무시한 결과 꿈을 포기하는 상황에 다다른 것이다. 워킹맘이라면 늘 가정과 회사 사이에서 균형을 맞춰야 하는 이유다. 남편과 이별하는 경우도 있었다. 그 뒤에는 업무 능력이 현저하게 떨어진다. 회사에 집중할 수 있는 시간이 훨씬 길어졌는데도 말이다. 아내로서, 엄마로서 균형을 맞춰왔던 시간이 여성들의 업무 성과를 높여주는 원동력이었던 것이다.

즉, 균형이 깨어진다는 것은 어느 한쪽만 잃어버리는 것이 아니라 양쪽 모두를 잃어버린다는 뜻이다. 이는 일하는 여성들에게만 국한된 이야기가 아니다. 제아무리 똑똑한 천재라도 건강을 잃으면 뜻한 대로 세상을 바꾸지 못한다. 불굴의 의지와 강철 체력의 소유자일지라도 지혜가 없으면 결과는 마찬가지다. 업무 능력이 조금 부족할지라도, 체력이 조금 나쁠지라도 균형을 맞추는 것이 훨씬 중요하다.

그래서 나는 함께 일하는 직원들이 균형감각을 유지할 수 있도록 도와주려고 노력한다. 예를 들어 과도한 성과를 강요한다면 동기부여를 저해하는 요인이 된다. 무관심은 열정의 불씨를 사라지게 하고 지나친 간섭은 자율성을 깨뜨린다. 이는 자녀 교육에도 그대로 적용되는 사항이다. 남녀노소를 불문하고 균형이 깨지면 불편함을 느끼기 때문이다.

나 또한 매사에 밸런스를 유지하려고 애쓴다. 젊었을 때는 혈기왕성한 시기였으니 오랜 시간 업무에 집중할 수 있었지만, 이제는 체력을 적절히 분배하는 데 초점을 맞춘다. 과도한 업무 스케줄이 능률을 떨어뜨리는 나이가 된 것이다. 여가시간에는 고즈넉한 사찰을 여행하며 마음에 안정을 찾는다. 덕분에 예전에는 미처 몰랐던 자연의 아름다움을 알게 되었다. 이렇듯 나는 그대로인데 나이에 따라, 환경에 따라 맞춰야 할 밸런스가 조금씩 달라지고 있다. 매순간 균형을 유지하기 위해 노력해야 하는 이유다.

두 마리 토끼를 잡는 것은 성공과 행복 두 가지를 이루고 싶은 인간의 욕망이다. 불가능한 일 같지만 우리 주위에는 두 마리 토끼를 잡는 데 성공한 사람들이 있다. 기업에서는 이 같은 사람들을 일컬어 우뇌와 좌뇌가 골고루 발달했다는 의미로 양손잡이형 인간이라고 부른다. 그들은 절대 뚫어지지 않는 방패와 무엇이든 뚫을 수 있는 창을 만들어낼 수 있다. 감성적이면서 이성적이기 때문에 각기 다른 영역에서 성과를 창출하는 것이다. 이렇듯 21세기는 불합리한 것처럼 들리지만 실제로 양립할 수 있는 일들로 가득한 패러독스 시대다. 따라서 성공을 꿈꾸는 여성들 역시 가정과 직장에 프로페셔널해야 한다. 현모양처인 동시에 자신의 꿈을 이루어가는 커리어우먼이 되어야 하는 것이다.

일하는 엄마가 아이에게 소홀하다는 것은 편견이다. 나는 결혼해서 지금까지 줄곧 일해 왔지만 아이에게 무관심했던 적이 없었다. 함께하는 절대적인 시간이 부족한 것은 사실이다. 그러나 오랜 시간 함께 있어주지 못하는 대신 사랑하는 마음을 전하고, 꿈을 응원해주며, 힘껏 날아오를 수 있도록 뒷바라지해주고 있다. 나뿐만 아니라 사회적으로 커리어를 쌓아가는 여성들 대다수가 이처럼 가족을 아끼고 사랑한다. 가정의 소중함을 몰라서가 아니라 독립적으로 살고자 하는 마음, 자아실현을 향한 열정이 확고한 것뿐이다.

가정에서의 역할 바로잡기

프란츠 카프카의 소설 《성》은 난해하고 어려워 읽다 보면 나도 모르게 스르륵 눈이 감긴다. 꿀맛 같은 단잠을 선물해주지만 동시에 포기가 무엇인지도 가르쳐준다. 덕분에 여전히 《성》은 내게 넘을 수 없는 벽으로 존재한다. 반면에 《변신》은 이솝우화처럼 쉽게 읽히지만 오랫동안 생각할 거리를 안겨준다. 가족간에도 끊임없이 균형을 맞추기 위해 노력해야 한다는 사실까지 가르쳐준다.

기괴한 내용으로 가득 채워진 《변신》은 어느 날 갑자기 벌레가 되어버린 그레고르의 이야기다. 세일즈맨으로 열심히 일하면서 가족을 부양할 당시 그레고르는 부모님의 사랑을 한 몸에 받는 아들이자 여동생에게 믿음직스러운 오빠였다. 그러던 어느 날 잠에서 깨고 나니 흉물스러운 벌레가 되어 있었다. 왜 벌레가 되었는지, 어떻게 인간으로 변신할 것인지는 중요하지 않다. 왜냐하면 그때부터 집안의 천덕꾸러기로 전락했기 때문이다. 아버지는 아들을 경멸했고 급기야 밟아 죽이려고 했다. 어머니는 두 번 다시 아들을 보려 하지 않았고, 여동생마저 오빠가 없어지기를 학수고대했다.

한때는 집안의 유일한 일꾼이자 기둥이었던 그레고르가 집안의 애물단지가 된 것은 흉측한 몰골에 앞서 더 이상 경제활동을 할 수 없어서였다. 가정에서 그레고르의 역할은 돈을 벌어오는 것 그 이상도 이하도 아니었던 것이다. 인정하고 싶지 않지만 물질만능주의를 살고 있는 우리의 자화상이다. 더 이상 경제활동을 할 수 없게 된 뒤 가장으로서의 권위마저 잃어버리는 초라한 어버이들의 뒷모습이 이를 말해주고 있다. 결국 그레고르는 아버지가 던진 사과에 맞아 죽게 되고, 그제야 가족들은 평화를 되찾으며 내일을 기약한다.

이 같은 비극이 우리네 가정에서 일어나지 않으려면 각자 자신의 역할에 최선을 다해야 한다. 어느 한 사람에게만 무거운 짐을 지어주거나, 일방적인 희생을 강요해서는 안 된다. 이는 균형이 깨어짐을 뜻하기 때문에 행복에 위협을 받게 된다.

사람에게는 저마다 우선순위가 있다. 나에게 우선순위는 행복한 가정과 사회적 성공이다. 이 두 가지는 불가분의 관계이므로 떼어내서 생각할 수 없다. 하지만 살다 보면 시시때때로 한 가지를 포기해야 할 때가 있다. 쉬운 예로 가족의 생일잔치와 해외 출장이 겹쳤다고 가정해보자. 가족을 선택하면 열정이 없는 직장인이고, 회사를 선택하면 가정을 소홀히 여기는 것일까? 이런 이분법적인 사고 안에서는 나오는 대답 역시 어리석을 수밖에 없으니 모두 틀린 말이다.

이때 나는 대체적으로 회사를 선택한다. 가정이 중요하지 않아서가 아니다. 가족에게는 이해와 희생을 구할 수 있지만 회사는 그렇지 않기 때문이다. 또 회사를 선택하는 것이 결과적으로 가족을 위하는 일이다. 경제적으로 남편에게 의지하지 않으므로 남편 역시 경제적 멍에에 짓눌리지 않고 보다 자유롭게 살아갈 수 있다.

앞서 말했듯 아이에게는 경제적 지원이 가능하다. 업무에 충실한 태도야말로 멀리 보았을 때 가족을 위하는 일인 것이다. 즉, 우선순위를 정할 때는 눈앞에 있는 것만 보아서는 안 된다. 아이가 어렸을 때 하루 종일 옆에 있어주는 것보다 원하는 꿈이 생겼을 때 지원해주는 것이 훨씬 바람직하다고 생각한다.

그럼에도 우리 사회는 일하는 여성에 대한 편견이 너무나 많다. 어머니의 어머니 또 그 어머니의 어머니 때부터 남편이 돈을 벌어오는 삶이 전통이었으니 최근 20~30년 사이의 변화에 적응이 힘들 수도 있다. 그로 인해 자신의 능력을 저평가하면서 자꾸만 움츠러드는 것이다.

얼마 전 토크쇼에 출연한 탤런트 오현경 씨의 인터뷰를 보니, 그녀 역시 나와 생각이 비슷한 워킹맘이었다. "아이에게 가르쳐주고 싶은 것이 있으면 그만큼 더 열심히 일하면 된다"던 그녀의 말이 무척 인상적이었다. 방송이 끝난 뒤 그녀를 응원하는 메시지가 인터넷을 가득 메운 것을 보며, 많은 여성들이 진취적인 여성에게 매료된다는 사실을 다시금 확인했다.

다시 말해 여성들의 마음속에도 성공하고 싶다는 갈망이, 독립적인 여성이 되고 싶다는 바람이 있는 것이다. 그러니 이제부터라도 긴 인생 멀리 보면서 두 마리 토끼를 지키기 위해 노력해보자. 물론 만만한 일은 아니지만 경험에 비추어봤을 때 의지만 있다면 충분히 가능하기 때문이다.

나의
글로벌
삼천지교

Balance

학구열이 뛰어난 엄마를 꼽으라면 단연 맹모일 것이다. 맹자를 위해 세 번이나 이사를 했으니 말이다. 학군에 따라 집값이 요동치는 이유 역시 이 때문이다. 나 또한 교육 환경이 매우 중요하다고 생각하지만, 일반적인 의미와는 조금 다르게 해석했다. 오랫동안 외국생활을 하다보니 환경을 생각하는 관점이 조금 달랐던 것 같다.

나는 아이가 네 살이 되던 해 다시 미국행 비행기에 올랐다. 결혼과 동시에 한국에 돌아왔지만, 몇 년의 세월이 흐른 뒤 다시금 내 꿈을 찾아야 한다고 생각했다. 아이 역시 넓은 세상에서 자라길 바랐으니, 한국보다는 미국이 좋을 것 같았다.

이때 내가 선택한 곳은 일리노이주의 카본데일이었다. 평소에 존경하고 따르던 교수님 부부가 살고 계셨기 때문이다. 제너럴모터스 입사를 결심하기 전 나는 경영학 박사 과정에 진학할 계획이었다. 그때 자신의 것을 아낌없이 나누어주시던 교수님이 계셨다. 부인은 영문학과 미술교육 박사로 대학교수이면서 실력과 인품, 교양을 두루 갖춘 분이었다. 굉장히 긍정적이었고 활발하고 따뜻했다. 그분과 함께 생활한다면 딸이 인격적으로나 감성적으로 훌륭한 아이로 성장할 수 있으리라 믿었다. 미국인이었으니 영어 실력은 말할 것도 없었다. 다행히 교수님 댁이 우리 부부와 딸 세 식구가 세 들어 살아도 될 만큼 넓었으니, 주저할 이유가 없었다. 나는 서울을 떠나 카본데일로 주거지를 옮기며, 아이가 넓은 세상을 보고 접할 수 있도록 환경을 만들어주었다. 나 역시 낮에는 경영학 박사 과정 수업을 들으면서 저녁에는 조교로 마케팅 대학원생에게 마케팅 강의를 했다.

훗날 지난 시간을 되돌아보면 주거지를 카본데일로 선택할 수 있었던 것은 행운이었다. 아이가 없었던 교수님이 딸아이를 친딸처럼 아끼고 사랑해주셨던 것이다. 덕분에 아이의 영어 실력은 하루가 다르게 늘었고, 예술적인 감성도 나날이 좋아졌다. 그녀의 태도가, 교양이, 따뜻함이 어린 딸에게 그대로 투영되었기 때문이다. 물론 그렇다고 해서 내가 방관자로 있었던 것은 아니다. 딸은 엄연히 한국인이었으니 미국적 정서 안에 한국적 정서가 스며들 수 있도록 했다.

어린 시절의 추억이 교육으로 이어진다

딸아이가 초등학교 1학년이 되었을 때 나는 다시 주거지를 옮겨야겠다고 생각했다. 교수님 내외에게 많은 것을 배웠으니, 이제는 다른 환경을 만들어주고 싶었다. 내가 선택한 곳은 샌디에이고였다. 항구도시여서 자연경관이 무척 아름다웠고 다양한 박물관과 미술관 등이 있어 아이의 세상을 넓혀줄 수 있을 것 같았다.

샌디에이고에서의 생활은 나와 딸에게 영원히 잊지 못할 소중한 시간이었다. 우리는 주말마다 손을 꼭 잡고 샌디에이고에 있는 여러 박물관을 쉼 없이 다녔다. 당시 박물관을 가면 도장을 찍어줬는데, 매주 도장이 하나씩 늘어날 때마다 얼마나 즐거웠는지 모른다. 주말을 이용해 여행도 무척 많이 다녔다. 나와 아이 모두 그때의 시간을 잊지 못하고 있으니 딸은 나에게, 나는 딸에게 소중한 추억을 선물해준 것이다. 도서관도 우리에게는 즐거운 추억이 가득한 공간이다. 2주 동안 책을 빌릴 수 있어 큰 여행 가방 가득 책을 빌려와 쉬지 않고 읽었다. 그렇게 한 달, 1년, 2년이 지나면서 딸의 어휘력과 상상력은 폭발적으로 증가했다. 사유하는 능력이 깊어졌고 세상을 보는 안목도 넓어졌다.

딸은 창의적이고 슬기로운 아이로 성장할 수 있었다. 이는 방과 후 선행수업에도 큰 도움이 되었다고 생각한다. 주말에는 야외로 나가야 했으니 퇴근 후에 아이와 홈스쿨링을 했다. 이를 피곤하다고 여겼던 적은 없었다. 아이와 함께하는 시간이 마냥 즐겁고 행복했다. 다행히 아이도 홈스쿨링을 지겨워하지 않았다.

카본데일에서 보낸 시간 덕분에 아이가 공부를 즐거운 놀이로 받아들였기 때문이다.

나는 조용하고 정적인 반면에 딸은 굉장히 유쾌하고 명랑하다. 부모의 DNA가 아이에게 유전되는 것은 맞지만 환경이 더 중요하다고 생각한다. 밝은 성격 덕에 딸은 자신의 피부색이 친구들과 다르다는 사실에 크게 개의치 않았다. 매사에 씩씩하고 사교적이었고 학교에서 공연하는 뮤지컬의 주인공이 되기도 했다. 나는 그 과정에서 아이가 평등의 의미를 알게 되었다고 생각한다. 다름을 인정하고 나아가 받아들이는 훈련을 했으니 말이다.

이렇듯 나는 워킹맘이었지만 딸에게 좋은 교육 환경을 만들어주기 위해 노력해왔다. 물론 다른 사람보다 경제적인 여유가 있어서 그렇게 할 수 있었던 것도 사실이다. 그러나 나 역시 다른 워킹맘들과 마찬가지로 회사일이 호락호락한 것은 아니었다. 여러 번 회사를 옮겨야 했고 여러 가지 힘든 일들이 많았다. 그러나 이를 희생이라 생각하지 않았다. 내가 어떻게 행동하느냐에 따라 이직이 또 다른 기회가 될 수 있다고 믿었기 때문이다.

딸 역시 엄마가 일을 했으니 또래 아이들보다 외로웠을 것이다. 그러나 딸 또한 이를 희생이라 여기지 않았다. 바쁜 시간을 쪼개 자신과 함께했던 엄마에게서 따뜻한 사랑을 느꼈다고 한다. 다시 말해 서로가 서로에게 조금씩 양보하면서 주어진 시간을 최대한 유익하게 활용한다면 함께한 시간 또한 아름답고 행복한 추억이 된다. 그 과정에서 창의력이 높아지고 세상을 바라보는 시각도 따뜻해진다. 엄마가 선물한 추억이 아이의 미래를 변화시키는 것이다.

떡볶이를
이해하는
딸로
키우기 위하여

Balance

나는 딸이 초등학교 4학년이 되었을 때 또 다른 결심을 했다. 미국을 떠나 한국에 돌아올 계획을 세운 것이다. 결심을 하게 된 이유는 간단했다. 떡볶이가 먹고 싶다는 내 말을 딸이 이해하지 못했기 때문이다.

유년 시절을 미국에서만 보냈으니 떡볶이를 알 리 만무했다. 설상가상으로 팥빙수까지 몰랐다. 엄마가 가장 좋아하는 간식을 전혀 모르는 딸을 보며, 진짜 딸을 위하는 것이 무엇일까 오랫동안 고민했다. 남편과 상의 끝에 한국을 가르쳐줘야 한다는 결론에 이르렀다.

주위 사람들은 나의 결심이 즉흥적이라고 생각했던 모양이다. 하지만 당시 나에게는 굉장히 중요한 문제였다. 부모·자식 간에 교감이 가장 중요하다고 생각하는 나인데, 딸이 엄마아빠가 살아온 시간을 이해하지 못한다면 어떻게 진실한 교감이 가능하겠는가? 더욱이 딸은 미국인이 아니라 엄연한 한국인이다. 한국인으로서 한국의 역사와 문화 그리고 민족성을 모른다는 게 어쩐지 어불성설이라 생각되었다. 훗날 딸이 한국과 미국 사이에서 정체성의 혼란을 겪을지도 모른다고 생각했다.

나에게 있어 떡볶이와 팥빙수는 단순한 먹을거리가 아니라 엄마아빠가 살아온 시간이었으며, 한국문화를 상징하는 것이었다. 아이의 미국 유학을 준비하는 엄마들에게는 내 선택이 이해 안 될 수도 있었을 것이다. 그러나 나의 결심은 흔들리지 않았다. 그러자 미국에서 함께 생활하던 한국 엄마들이 나를 겁주기 시작했다. 한국에서는 엄마의 치맛바람이 아이의 학교생활을 결정한다며 엄마가 일을 하면 아이가 선생님에게 미움을 받을 수도 있다고 말했다. 그 사실이 조금 걱정스럽기는 했지만 한국인으로서 자신의 뿌리를 알아야 온전히 성장할 수 있다고 확신했다.

그렇게 나는 카본데일에서 샌디에이고로, 다시 한국의 분당으로 이사를 왔다. 아이는 국제학교 대신 인근 초등학교에 입학했다. 한국의 문화를 배우려면 일반 초등학교가 훨씬 적합하다고 생각했다. 다행히 딸은 한국문화에 금방 적응했고 친구들과도 매우 잘 어울렸다. 지금도 가끔 초등학교 친구들과 떡볶이도 먹고 집 앞 놀이터에서 뛰어놀던 시절이 떠올라 행복해진다고 한다. 선생님들도 무척 좋으셨다. 미국에서 엄마들이 했던 걱정은 말 그대로 편견이었다.

물론 치맛바람이 센 엄마도 있었겠지만 그로 인해 아이들이 차별을 받지는 않았다. 특히 초등학교 6학년 때 담임선생님은 아이들에 대한 애정이 남달랐다. 반 아이들의 성향을 파악하고 숨겨진 재능을 찾아내는 능력이 탁월했다. 딸아이가 한국말이 서툴지만 감수성이 풍부하다며, 딸이 매일 숙제로 쓴 일기를 묶어서 책을 만들어주면 좋은 추억이 될 것이라고 조언해주기도 했다. 아마도 어린 시절에 읽었던 방대한 독서량이 아이의 문장력을 키워주었던 것 같다. 훗날 대학생이 된 딸은 BBC뉴스 인턴십 프로그램에 합격했으며 3편의 인터넷 기사를 썼는데 클릭 수가 매우 높았다. 일반적으로 인턴에게는 기사 작성의 기회가 주어지지 않으니, 선생님 말씀처럼 글쓰기에는 언어와 상관없이 재능이 있었던 모양이다. 어린 시절의 독서습관과 선생님의 애정 어린 관심이 아이의 숨겨진 재능에 날개를 달아준 것이라 믿는다. 이제 나(www.junebai.com)와 딸(www.yeeunchun.com)은 개인 홈페이지를 만들어 각자의 시간을 차곡차곡 쌓아나가고 있다. 세상에서 제일 친한 친구가 된 것이다.

성인이 된 딸은 글로벌 마인드를 갖춘 한국인이다. 정을 중시하는 한국인답게 사람을 좋아하는 동시에 상대의 다름을 인정하고 이해해주며 많은 친구들과 진실한 우정을 쌓아나가고 있다. 지난날 내 선택에 만족할 수 있는 것은 착하고 바르게 자라준 딸 덕분이니 그게 또 고마울 뿐이다.

사교육 없이 SAT 만점 받기

초등학교를 졸업한 뒤 딸은 국제학교에 입학했다. 한국어가 서툴
다 보니 일반 중고등학교에 진학하는 것보다 국제학교가 훨씬 적
합하다고 생각했다.

국제학교의 특징은 학업에 앞서 글로벌 리더십을 매우 중시
한다는 점이다. 따라서 다양한 사회봉사활동을 전개하며 아이
의 인성을 높이는 데 주력한다. 또 학생들이 팀을 이뤄 디베이트
대회에 참가해 논리적으로 말하는 방법을 익힌다. 디베이트란 찬
반의 쟁점이 있는 다양한 사회적 주제를 두고 두 팀이 상대를 설
득하는 경쟁적 의사소통 방법이다. 참가자들은 이를 통해 사회
현상과 문제점을 정확히 이해할 수 있고 논리적인 표현 방법을
기를 수 있다. 요즘 청소년들이 사회를 바라보는 시각이 날카로
운 이유도 이 같은 경쟁적 의사소통을 통해 냉철한 안목을 기른
덕분이다. 또한 경청하는 법까지 가르쳐주었다. 상대의 이야기에
귀 기울이지 못한다면 논리를 반박할 수 없기 때문이다.

디베이트는 청소년들의 사고를 입체적으로 변화시켜준다. 찬
성과 반대를 그 자리에서 정해주므로 평소 그 문제에 대해 찬성
하고 있었을지라도 반대 측에서 상대를 설득해야 한다. 학문적
근거를 제시해 논리적으로 설명하려면 다각도에서 문제를 바라
볼 수 있어야 하므로 깊이 있는 사유가 가능해지는 것이다.

아울러 디베이트는 국제 대회인 만큼 글로벌 네트워크를 쌓는 데 매우 효과적이다. 상대의 이야기를 경청하고, 자신의 의견을 주장하다 보면 어느덧 정이 쌓여 돈독한 사이가 된다. 덕분에 딸을 비롯해 국제학교 학생들은 세계 곳곳에 친구가 있다. 그렇게 쌓인 인연이 훗날 대한민국 학생들이 글로벌 리더가 되었을 때 큰 힘이 되어 주리라 믿는다.

나는 디베이트 대회, 리더십 교육, 봉사활동 등으로 인성과 실력을 쌓을 수 있다고 판단했기 때문에 딸에게 별도의 사교육을 시키지 않았다. 사교육비가 부담스러웠던 것도 사실이지만 그에 앞서 국제학교의 체계화된 프로그램에 충실하면 원하는 대학에 진학할 수 있으리라 믿었다. 그래서 딸은 처음부터 끝까지 자기 힘으로 SAT 시험을 준비했다. 과외선생님은커녕 엄마의 도움도 받지 못했다. 열정적인 엄마들은 SAT 박사가 된다는데 그 모든 것을 홀로 준비했으니 대견하면서 미안한 것이 사실이다. 굳이 변명을 하자면 당시 나는 1년간 미국 샌타바버라로 글로벌 리더 연수 프로그램을 떠났기 때문에 딸을 돌봐줄 시간적, 물리적 여유가 없었다. 그럼에도 불구하고 딸은 SAT 만점을 받으며 프린스턴을 비롯해 당해 졸업생들 중 아이비리그 대학 최다 합격자가 되었으니 고마울 뿐이다.

다만 고등학교 졸업사진을 보면 지금도 딸에게 미안하다는 생각이 든다. 다른 아이들은 엄마가 한껏 예쁘게 치장해주었는데, 우리 딸만 엄마가 멀리 있는 티가 났다고나 할까. 딸의 성장 과정을 지켜보면서 나는 엄마의 오늘이 아이의 내일이라는 사실을 끊임없이 확인한다. 꿈꾸는 엄마를 보면서 딸도 꿈을 이루기 위해 최선을 다하기 때문이다. 그렇게 엄마는 딸에게, 딸은 엄마에게 고마워하고 세상에서 가장 가깝고 친근한 친구가 될 수 있는 것이다.

감동하는 것도
능력이다

Balance

다시 태어나면 남자로 태어나고 싶다고 말하는 직장 후배들을 가끔 만난다. 직장생활을 하다 보면 여자라는 이유만으로 불합리한 대우를 받는 일이 있기 때문이다. 가정에서도 마찬가지다. 맞벌이 부부의 경우 여성이 가사와 육아에 더 많은 시간을 할애한다. 여자가 만족할 만큼의 남녀평등이 이루어지지 않았다는 뜻이다.

그렇다면 어떻게 해야 좋을까? 여자 스스로 변해야 한다. 누군가에게 의존하는 삶에서 벗어나 독립적으로 살아가기 위해 노력해야 한다. 그렇게 할 수 있다면 여자라서 유리한 점이 훨씬 많다는 것을 알게 된다. 예를 들어 여성은 선천적으로 공감하는 능력이 탁월하다. 이는 오늘날 전 세계가 한목소리로 외치는 변혁적 리더십의 근간이다. 공감은 관찰과 소통으로 상대의 아픔을 이해하고 보듬어주어 사람의 마음을 움직일 수 있기 때문이다. 뿐만 아니라 여자들은 남자에 비해 직감이 뛰어나다. 관찰에 앞서 직감으로 상대의 아픔을 느낄 수 있다는 뜻이다.

쉬운 예로 가정에서 아이들에게 문제가 생겼을 때 엄마들은 직감적으로 그 사실을 알아차린다. 대수롭지 않은 변화일지라도 이를 통해 앞으로 일어날 문제를 예견하므로 지나치지 않고 깊이 파고들어가 원인과 해결 방법을 찾는다. 자상한 엄마의 모습과 냉철한 형사의 모습, 그리고 엄격한 스승의 모습이 동시에 나온다. 선천적으로 감성적이고 따뜻한 여성성을 통해 각각의 상황에 따라 얼굴을 달리 하며 상대와 교감할 수 있는 것이다.

이는 회사에서도 마찬가지다. 여성 리더는 공감을 잘하기 때문에 직원들의 동기부여를 일깨워 성과를 창출하는 능력이 뛰어나다. 직감적으로 직원들의 변화를 눈치 챌 수 있으므로 사적인 공간에서는 상사가 아닌 언니처럼, 누나처럼 때론 어머니처럼 직원들을 다독여줄 수 있다. 따뜻하지만 냉철한 조언을 통해 가래로 막을 일을 호미로 막을 수 있도록 도와준다.

피드백 역시 직원들의 행동 변화를 돕는 데 초점을 맞춘다. 잘못된 상황을 지적하는 것을 넘어 해결 방법까지 구체적으로 제시해주는 것이다. 이는 직원들의 업무를 세심하게 관찰하고, 아픔을 공감하지 못한다면 불가능한 일이다. 리더에게 공감 능력이 꼭 필요한 이유다.

뇌의학의 권위자인 하야시 나리유키는《일머리 단련법》을 통해 "남의 이야기를 듣고 감동하는 것만으로도 내용을 이해하고 파악하는 정도가 다르다"고 했다. 감동을 잘하면 기억력이 좋아지는 것은 물론 독창적인 생각이 떠오른다는 것이다. 업무를 진행할 때 대다수의 여성들이 놀라운 집중력을 발휘하는데 이 역시 상대의 이야기에 감동하고 공감하는 능력이 뛰어나기 때문이다. 이는 〈포춘〉지가 선정한 500대 기업 여성 CEO들의 공통점이기도 했다.

삼성경제연구소 김재원 연구원은 "여성 CEO들은 전통적으로 남성성으로 상징되던 높은 열망과 도전정신, 강한 추진력 외에도 권위보다는 배려와 참여를 중시하는 리더십을 발휘한다. 높은 열정과 결단력 위에 창의력과 조화의 리더십을 발휘한 펩시의 인드라 누이가 대표적인 사례"라고 설명했다. 여성이라는 사실 자체가 강점이 될 수 있다는 뜻이다.

오늘날 글로벌 기업은 따뜻하고 부드러운 리더, 관찰력이 풍부하고 깊게 몰입하는 리더를 원한다. 여성은 선천적으로 이에 적합한 성격을 가지고 태어났다. 글로벌 기업에 입사한 뒤로 지금까지 한 번도 여자라는 사실이 약점이 되지 않았던 이유다.

선천적으로 남성이 여성보다 공감하는 능력이 부족한 것은 사실이나 이는 환경적인 영향도 있는 듯하다. 예로부터 우리 사회는 남성에게 눈물을 흘려서는 안 된다고 가르쳐왔다. 우스갯소리겠지만 평생 동안 남자가 울어야 할 횟수를 세 번으로 정해놓기까지 했다. 감정을 밖으로 드러내서는 안 된다는 뜻이다. 그로 인해 공감하는 방법을 배우지 못했으니, 아파하는 사람을 위해 함께 울어줄 수 없는 것이다. 이처럼 감정 표현에 서투른 남자들이 권위적인 문화에 익숙해져버리면서 공감 능력이 떨어졌는지도 모른다.

그래서일까. 대다수의 남성 리더들은 술자리를 제외하면 직원들과 격의 없이 어울리려고 하지 않는다. 적극적으로 직원들과 공동의 관심사를 찾은 뒤 눈높이를 맞추려하는 여성 리더와는 사뭇 다르다. 실제로 나는 직원들에게 편안한 분위기를 만들어주기 위해 눈을 동그랗게 뜨고 공통의 관심사를 찾는다. 직원들 사이에서 인기 있는 영화와 드라마가 있다면 흥미를 끌지 않아도 보려고 한다. 드라마를 보기 위함이 아니라 직원들의 이야기에 동참하고 싶기 때문이다.

미혼인 직원들에게는 나름의 연애철학을 들려주기도 하고, 사회 참여를 중시하는 직원들과는 정치 이야기를 하기도 한다. 이처럼 공통의 관심사를 찾은 뒤 들어주는 데 초점을 맞추다 보면 자연스럽게 그들과 동화될 수 있다. 그런 의미에서 마음을 열고 다가가는 것은 어려운 일인 동시에 쉬운 일일 수 있다.

공감이 칭찬으로, 칭찬이 사랑으로

철학자 베이컨이 말하길 "자연을 지배하고 싶다면 먼저 자연에 순응하라"고 했다. 직원의 생각과 행동을 지배하고 싶을 때도 마찬가지다. 리더란 모름지기 직원들을 통솔할 수 있어야 하므로 권위가 아닌 순응을 택하는 것이 효과적이다. 그 방법은 공감과 사랑이다. 리더의 배려 속에서 직원들도 선의의 경쟁을 할 수 있기 때문에 기업이 성장할 수 있는 것이다.

실례로 과거 모 기업의 리더로 부임했을 때 회사 분위기가 다소 처져 있었다. 나는 직원들 간에 유대감이 형성되지 않았다는 사실을 직감했다. 이야기를 나눠보니 실제로 직원들 간에 불신의 골이 깊었으며 서로를 미워하고 있었다. 공기가 이처럼 싸늘하고 냉소적인데 어떻게 화합하고 성과를 창출해낼 수 있겠는가.

나는 직원들의 의견을 취합하고 객관적으로 상황을 분석한 뒤에 부서 통폐합을 단행했다. 그리고 또 다른 처방전으로 '칭찬' 카드를 꺼냈다. 의무적으로 칭찬할 거리를 찾아 발표케 한 것이다. 처음에는 어색해하고 불편해하는 기색이 역력했지만 직원들 사이를 가로막고 있던 벽이 조금씩 허물어지는 것을 느꼈다. 칭찬할 점을 찾는 과정에서 미처 알지 못했던 매력을 발견하게 된 것이다. 뿐만 아니라 칭찬을 듣다 보면 자신도 모르는 사이에 미움이 사라지게 된다. 뒷이야기로 인해 발생하게 될 또 다른 분쟁까지 예방했으니 결과적으로 회사의 분위기가 몰라보게 달라졌다. 이는 해당 기업을 찾은 외국 지사장들의 공통된 의견이기도 했다. 싸늘함은 따뜻함으로, 무기력함은 활력 넘치는 분위기로 바뀌었다는 것이다. 공감에서 칭찬이, 칭찬에서 사랑이 나왔기 때문이다.

조직개발 전문가 류량도는 그의 책《캐논코리아의 혁명은 포장마차에서 시작되었다》에서 회사의 성공은 공감에서 시작하고 완성된다고 설명했다. 한때 대형 화재로 인해 풍전등화 신세에 놓였던 캐논코리아는 책임을 통감하고 퇴사를 결심한 직원들에게 질책 대신 격려로 회사를 정상화시켰고, 이는 곧 눈부신 성과로 나타났다. 어쩔 수 없는 사고 앞에서 직원들이 느꼈을 황망함을 회사가 먼저 헤아리고 감싸 안아주었던 것이다. 따뜻한 기업 분위기가 직원들의 행복도와 업무 성과를 끌어올린다는 사실을 단적으로 보여주는 사례다.

미국 최대 건강보험사 웰포인트의 CEO인 안젤라 브랠리 역시 직원들을 배려하고 소통하는 리더로 유명하다. 그녀는 직원들을 위해 무드 엘리베이터를 창안했는데, 이는 직원들의 감정을 여러 단계로 나눈 뒤 수시로 체크하고 관리하는 프로그램이다. 예를 들어 직원의 감정이 가장 낮은 단계인 '우울'에 있다면 회사가 앞장서서 가장 높은 단계인 '유쾌'로 끌어올려주고자 노력했다. 직원의 아픔이 곧 리더의 아픔이자 회사의 아픔이라고 생각한 것이다. 안젤라 브랠리는 선천적인 따뜻함과 공감 능력을 통해 웰포인트를 세계적인 글로벌 회사로 도약시키며 성공한 CEO로 자리매김했다. 여성 CEO들의 이 같은 선전을 보며 나는 여자로 태어난 사실에 다시 한 번 감사했다. 다음 생이 허락된다면 다시 여자로 태어나고 싶다. 그리고 또 한 번 넓은 무대에서 나의 커리어를 쌓아가고 싶다.

승진을
주저하지
말라

Balance

나는 선천적으로 도전을 즐기는 타입이다. 30여 년 전 경영학이라는 낯선 분야에 과감하게 뛰어든 것도 모험심 덕분이다. 안정적이라 해도 다른 사람들의 발자국을 좇는 삶보다는 낯설고 위험할지라도 나만의 길을 만들고 싶었다. 이는 제너럴모터스를 시작으로 미국 투자금융회사 프랭클린템플턴, 존슨앤드존스, DHL 등 다양한 기업에서 경력을 쌓을 수 있었던 배경이기도 하다. 덕분에 'Worldwide Who's Who Registra 성공적인 여성 CEO'로 등재되는 영광을 누렸으니 예나 지금이나 위험이 따를지라도 과감히 도전하는 쪽을 선택한다.

아마도 이 같은 성향 탓에 지금까지 쉼 없이 일할 수 있었는지도 모른다. 실제로 나는 집에 있으면 답답해하는 타입이다. 누군가에게 의지하면서 편하게 사는 것보다는 가시넝쿨길일지라도 헤쳐 나가는 것을 선호한다. 도전하고 성취하면서 행복을 느끼는 것이다.

혹여 그렇지 않은 사람이라면 두려움을 극복하는 연습을 해야 한다. 위험 없는 도전은 없으며 끊임없이 도전하지 않으면 성공할 수 없는 것이 인생이기 때문이다. 어제보다 멋진 오늘을, 오늘보다 멋진 내일을 준비하는 방법은 오로지 도전밖에 없다는 뜻이다. 물론 성별에 상관없이 인간이란 편안함을 추구한다. 땀 흘려 일하는 것보다는 시원한 나무 그늘에 앉아 빈둥거리는 것을 훨씬 좋아한다. 그러나 이 같은 안일함이 결국 자아실현의 걸림돌이 된다는 사실을 명심해야 한다.

회사에서도 마찬가지다. '나 하나쯤 대충 한다고 누가 알겠어'라고 생각하는 순간 그의 미래는 어두워질 수밖에 없다. 할 수 있는 일도 하지 않는 사람이 무슨 수로 잠재 능력을 발휘할 수 있겠는가. 독일의 심리학자 막시밀리앙 링겔만은 "인간은 집단 속에 들어갔을 때 타인에게 의지하게 되며, 자신의 잠재 에너지를 제대로 발휘하지 않으려는 심리를 가지고 있다"고 설명했다. 이를 증명하기 위해 줄다리기 실험을 실시했는데 1명씩 줄다리기를 할 때는 자신의 힘의 100퍼센트를 발휘하는 데 반해 2명씩 줄다리기를 했더니 그 힘이 93퍼센트에 머물렀다. 3명으로 늘어날 때는 힘이 85퍼센트로 줄고 8명이 되었을 때는 49퍼센트밖에 사용하지 않았다. 의지할 수 있는 사람이 생기는 것만으로도 게을러진다는 뜻이다.

재미있는 점은 이 같은 본성이 인간의 전유물이 아니라는 사실이다. 곤충학자들의 연구에 따르면 부지런함의 대명사인 개미 역시 실제로 일하는 개미는 전체의 20퍼센트밖에 안 된다고 한다. 재미있는 점은 일하지 않는 개미 80퍼센트를 모아 일을 시키면 또 그 가운데 20퍼센트만이 일에 집중한다는 것이다. 충분히 일할 수 있는 데도 불구하고 누군가에게 의지하면서 제 능력을 발휘하지 않는 것이다.

매킨지의 보고서에 따르면 "여성 CEO 중 38퍼센트가 말하길 여성 스스로 승진을 주저하기 때문에 리더가 덜 배출된다"고 한다. 리더가 되면 자연히 따라올 위험을 감당할 자신이 없어서 도전조차 하지 않는다는 뜻이다. 그러나 오늘과 같은 내일은 더 큰 행복을 안겨주지 않는다. 두렵더라도 도전해야 하는 이유다. 계속해서 도전하다 보면 그 두려움마저 즐길 수 있게 된다.

성공은 끊임없는 진화에서 완성된다

성공한 사람들은 개척정신이 뛰어나다. 따라서 열악한 환경을 탓하는 대신 이를 통해 새로운 세상을 연다. 미국의 서부 개척시대는 너나 할 것 없이 금맥을 찾아 떠났던 골드러시의 시대였지만 정작 부자가 된 사람들은 광부가 아니라 광부들을 대상으로 물건을 판 사람들이었다. 첫 번째는 샘 브라이턴이다. 그가 팔았던 것은 광부들에게 반드시 필요한 곡괭이 등의 채굴장비였다. 두 번째는 리바이 스트라우스다. 오늘날 세계적인 청바지 브랜드 리바이스의 창립자이기도 한 그는 광부들이 버리고 간 천막을 이용해 누구도 만들지 않았던 청바지를 만들었다. 세 번째는 웰스다. 그는 금을 캐고 번 돈을 고향으로 운송하는 역마차와 우편제도를 개설했다. 이는 현재 미국 굴지의 은행인 웰스파고의 전신이다.

그들의 도전이 어떤 결과로 이어졌는지 아는 지금, 그들의 선택에 경의를 표하겠지만 당시 광부들은 그들의 엉뚱한 행동을 이해하지 못했을 것이다. 그들 자신도 남들과 다른 일을 하는 데 있어 두려움을 느꼈을지도 모른다. 그러나 결과적으로 그들은 세기를 넘어서까지 막대한 부를 축적하며 성공한 사업가가 되었다. 이렇듯 위험을 감수한 도전만이 새로운 세상을 열어주는 것이다.

역사적으로 보았을 때 개척자들은 대다수가 남자였다. 이를 통해 여자는 모험을 두려워하고 안정된 삶을 추구한다는 사실을 유추할 수 있다. 그러나 이는 사회적 학습으로 인한 성격이기도 하다. 달리 말하자면 여성 스스로 변해야 할 때가 왔다는 뜻이다. 평범한 직장 여성이 아니라 글로벌 기업의 리더가 되고 싶다면 위험을 감수하고 모험을 즐겨야 한다. 그로 인해 승부사적 기질을 갖게 된다면 선천적인 청렴함과 따뜻함을 통해 지금보다 훨씬 풍요롭고 윤택한 세상을 열 수 있으리라 믿는다.

일과 육아 사이에
위기가
찾아올 때

Balance

미국은 물론 유럽 어디에 가도 커리어를 쌓아나가는 중년 여성을 쉽게 만날 수 있다. 원숙한 여성들이 왕성하게 활동하는 것은 가정뿐 아니라 국가 발전에도 크게 이바지한다. 여자라서 훨씬 더 잘할 수 있는 분야도 있기 때문에 사회가 훨씬 풍요로워지는 것이다. 근래 들어 글로벌 기업에서 여성 CEO를 선호하는 것도 여성의 강점을 높이 평가한다는 뜻이다.

이렇듯 우리나라를 비롯해 전 세계적으로 여성 파워가 높아지고 있다. 다만 우리 사회는 여전히 여성들의 성공에 걸림돌이 되는 유리천장이 존재하고 있다. 회사의 허리를 지탱했던 유능했던 여성들이 어느 순간 자취를 감춰버리기도 한다. 대다수의 여성이라면 반드시 거쳐야 하는 결혼과 출산 그리고 육아로 인해 경력이 단절되는 것이다. 이를 사회문제로 인식하는 분위기가 조성되면서 다양한 해결 방안을 모색하고 있지만 여전히 많은 여성들이 한 남자의 아내, 아이들의 어머니가 되면서 꿈을 포기한다. 결혼이 커리어 관리 실패로 이어지고 있는 것이다.

나 역시 비슷한 상황에 놓였던 적이 있었다. MBA를 마치고 마케팅 플래너로 제너럴모터스에 입사할 당시 꽤 높은 연봉을 받았다. 높은 연봉뿐 아니라 권한과 책임을 동시에 부여하며 자율성을 인정해주는 제너럴모터스의 기업문화 역시 재능을 일깨워주며 원대한 꿈을 꿀 수 있도록 해주었다.

이처럼 매력적인 회사임에도 불구하고 나는 제너럴모터스에 사직서를 제출했다. 국내 대기업과 업무 조인트를 추진하는 과정에서 삼성자동차에 근무하던 남편을 만났고 결혼과 동시에 한국행 비행기에 올랐기 때문이다.

그러나 결혼이 경력 단절로 이어지지는 않았다. 퇴사에 앞서 이직을 준비한 덕에 모 대기업 자동차 연구소와 쌍용그룹 기획실에서 스카우트 제의가 들어온 상태였다. 비록 커리어매니지먼트에 첫 번째 적신호가 들어왔지만 새로운 도전은 내게 행복한 고민거리를 안겨주었다. 오랜 생각 끝에 나는 쌍용그룹 기획실을 선택했다. 이유는 두 가지였다. 첫째는 제너럴모터스에서 함께 근무하며 멘토가 되어주셨던 윤철구 박사님이 쌍용그룹의 부사장으로 이직한 상태여서 쌍용그룹 또한 친근하게 다가왔다. 또 대기업 기획실에 입사한다면 다양한 경험을 쌓을 수 있을 것 같았다. 연구원도 매력적이지만 정적인 업무보다는 활동적이고 다이내믹한 일을 하고 싶었던 것이다.

생각대로 쌍용그룹 기획실에서의 경험은 내게 많은 것을 가르쳐주었다. 막강한 파워를 가진 회장님에게서 강한 카리스마를 배웠고 해외 출장 시 기자단을 인솔하고 임원들의 의전을 담당하면서 글로벌 리더십을 배웠다. 미국에서 볼 수 없었던 한국의 엄격한 상하수직관계는 낯설고 이질적이었지만 동시에 직장인으로서 갖춰야 할 애티튜드가 무엇인지 알게 해주었다.

서비스 정신으로 무장한 스튜어디스들이 언제 어디서나 친절한 것처럼 상하수직관계에서 근무한 경험이 있다면 대체적으로 상사를 존경하고 따른다. 더불어 상하수직관계가 획일화로 이어지고 직원들의 동기부여를 저해한다는 사실도 알게 되었다. 삼인행필유아사三人行必有我師라 했으니 배우고자 하는 마음만 있다면 세 사람과 길을 걷다가도 배울 수 있는 것이다. 만일 내가 결혼을 한 뒤에도 계속해서 제너럴모터스에 근무했다면 지금과 사뭇 다른 과정을 거쳤을 테고 보다 빨리 글로벌 리더가 되었을지도 모른다. 경영학과에 입학한 순간부터 올바른 기업 경영을 통해 건강하고 풍요로운 사회를 만들고 싶었으니 말이다.

결과적으로 나는 존슨앤드존스메디컬 멘토사업부 아시아총괄본부장을 거쳐 현재 콜로플라스트코리아의 CEO로 일하고 있다. 결혼과 출산 그리고 육아 문제로 커리어 관리에 어려운 순간도 있었지만 이때마다 새로운 기회를 찾기 위해 노력한 덕분이다.

이렇듯 결혼과 출산 그리고 육아 문제로부터 자유롭지 못한 여성은 본의 아니게 커리어 관리에 위기가 찾아올 때가 있다. 따라서 사회에 첫발을 내딛는 순간부터 이를 고민해야 한다. 나아가 출산과 육아 기간 동안은 스펙을 쌓기보다는 유지하는 데 초점을 맞추고 시간적으로 여유가 있는 부서에 지원하는 등 시간을 효과적으로 관리해야 한다. 부득이하게 차선의 선택을 할 경우에도 그때의 경험이 꿈을 이루는 디딤돌이 되어야 한다. 위기를 기회로 바꾸면서 커리어 관리를 했을 때 꿈을 이룰 수 있기 때문이다.

엠파워그룹의 컨설턴트인 캐런 O. 도우드 역시《나만의 커리어를 디자인하라》를 통해 실패를 딛고 일어설 때, 예측된 위험을 감수할 때 커리어를 관리할 수 있다고 전했다. 여기서 말하는 실패와 위험이 출산과 육아를 의미하는 것은 아니지만 우리나라처럼 여성들의 경력 단절이 사회적 문제로 대두되고 있는 지금, 육아는 또 다른 의미의 위험임을 염두에 두어야 한다.

Courage

6

**최선을 다할 수 있는
용기**

끊임없이
도전하고
변화하라

Courage

장자는 저서의 첫 부분을 '소요유逍遙遊'로 시작했다. 멀리 소풍 가서 노닌다는 뜻의 소요유를 통해 장자의 인생관을 엿볼 수 있다. 언뜻 보면 풍류를 즐기는 것 같지만 장자에게 있어 노니는 것의 의미는 변화하는 과정 그 자체였다.

북쪽 깊은 바다에 물고기 한 마리가 살았는데, 그 이름이 곤이었다. 이 물고기가 얼마나 큰지 몇천 리인지 알 수 없었다. 이 물고기가 변하여 새가 되었는데, 이름을 붕이라 하였다. 그 등의 길이가 몇천 리인지 알 수 없었다. 한 번 기운을 모아 힘차게 날아오르면 그 날개가 마치 하늘을 가득 뒤덮은 구름 같았다. 붕이 된 새는 바다 기운이 움직여 물결이 흉흉해지면 하늘못天池이라 불리는 남쪽 깊은 바다로 날아갔다.

곤은 왜 붕이 되려고 한 것일까? 물고기가 새로 변하는 과정에는 고통이 따를 텐데. 아마도 북쪽 깊은 바다가 곤이 살기에 너무 좁았던 모양이다. 천지가 무대가 되었을 때 자유롭게 날아다닐 수 있으니 살을 깎는 고통을 감내하며 붕이 되려고 했던 것은 아닐까?

그렇다면 소풍 가듯 노닌다는 의미는 자유롭게 날 수 있는 무대를 찾아, 끊임없이 변화하는 과정을 뜻한다. 장자에게는 그것이 놀이였으니, 변화는 곧 인간의 숙명이라는 뜻일 테다. 아울러 꿈의 크기는 시간과 함께 조금씩 자란다는 뜻도 내포되어 있다. 꿈을 이룬 뒤에도 만족하지 말고 또 다른 꿈을 꿔야 하는 것이다.

20대 시절, 장자처럼 세상을 보려고 노력한 덕분일까. 어느 날 문득 떠나야 할 때라는 사실을 알게 되었다. 그 무렵 나는 대학원을 마치고 박사과정에 진학할 계획이었다. 당시 결혼한 지 얼마 안 된 오빠는 새언니와 함께 시카고에서 세븐일레븐을 운영하고 있었다. 나는 시간적으로 여유가 있을 때면 가끔 세븐일레븐에서 오빠를 돕곤 했었다.

"너는 말이 너무 없어서 있어도 없는 것 같아. 그래서 심심하다니까."

일을 돕다 보면, 늘 오빠에게 듣는 잔소리였다. 그날도 여느 때처럼 혼자 조용히 신문을 읽고 있는데, 갑자기 섬광처럼 눈에 들어오는 글자가 있었다. 세계적인 자동차 제조회사 제너럴모터스에서 낸 구인광고였다. 직책은 마케팅 플래너였다. 마케팅은 내가 가장 좋아하고 흥미로워하는 분야였으며, 1908년에 설립한 뒤 세기를 넘어 지속적으로 성장하고 있는 제너럴모터스도 나의 도전정신을 일깨우기에 충분했다.

나는 주저할 틈도 없이 제너럴모터스에 입사지원서를 제출했다. 박사 과정에 진학해 학자가 되겠다던 생각이 거짓말처럼 바뀌었다. 그러자 어머니께서는 내 결정이 지나치게 감성적이고 즉흥적이라며 완강히 반대하셨다.

"하루아침에 오랜 꿈을 바꾸다니, 너무 경솔한 것 아니니?"

"오래전부터 현장에 나가서 일하고 싶었어요. 제너럴모터스의 마케팅 매니저가 또 다른 꿈을 이루어주는 열쇠가 되어줄 것 같아요."

지금 와서 생각해봐도 내 선택은 절대 즉흥적이지 않았다. 우연히 세븐일레븐에 가서 신문을 읽은 것이 아니라 보이지 않는 힘이 제너럴모터스의 구인광고를 보도록, 나를 그곳으로 이끌었던 것만 같다. 다소 감성적인 가정이지만 시간이 지날수록 확신으로 바뀌었다.

그날 구인광고를 보지 않았다면 내 모습은 지금과 사뭇 달라졌을지도 모르기 때문이다. 어머니의 반대를 무릅쓰고 입사지원서를 보낸 뒤 사흘쯤 지났을 때 제너럴모터스에서 1차 합격 통보와 함께 인터뷰 일정을 전해주었다. 친절하게 비행기 티켓까지 보내주었으니, 입사하기도 전에 나는 제너럴모터스가 좋아졌다.

그리고 인터뷰 날, 아마도 운명의 신은 내 선택을 응원했던 것 같다. 40대 중반의 독일인 여성이 인터뷰 담당자였는데, 분석적이고 비판적인 성격이라고 한다. 따라서 긴장한 면접자들이 제 기량을 펼치지 못하는 일이 종종 있었던 것 같다. 하지만 내가 인터뷰할 당시 그분이 해외 출장을 떠난 터라 더 높은 분들이 인터뷰를 진행하게 되었다.

그들에게 나는 분석의 대상이 아니었다. 인터뷰가 끝나고 함께 식사까지 하며 유쾌한 시간을 보냈다. 사회 경험이 조금이라도 있었다면 식사 시간 내내 잔뜩 긴장했을 테지만, 나는 그 시간을 온전히 즐겼다. 그 모습이 당당하고 적극적이며 활동적으로 보였던 것 같다. 며칠 뒤 제너럴모터스로부터 마케팅 매니저로 출근하라는 연락이 왔다. 그때 내 첫 연봉은 4만 5,000달러로 당시 한국의 대학 졸업자 초봉보다 10배가량 높은 금액이었다. 세계 최대의 다국적 기업에서 상상도 못했던 큰 금액의 급여를 받았으니, 하루하루가 내겐 벅찬 감동이었다. 제너럴모터스는 나에게 새로운 꿈의 무대가 되어준 것이다.

지금도 나는 무엇인가를 결정하는 데 있어 즉흥적인 편이다. 여러모로 부족한 것을 알지만 남들과 조금 다르게 살아온 나이기에, 가정과 일이라는 두 마리 토끼를 좇는 여성들에게 나름의 노하우를 전해주고 싶다는 생각이 들자마자 펜을 들고 이렇게 글을 쓰고 있으니, 이 또한 즉흥적인 도전이라 할 수 있다. 그러나 즉흥적인 선택 뒤에는 오랜 생각의 조각들이 퍼즐처럼 맞물려 있다. 내면의 울림이 들려올 때 비로소 도전하는 것이므로 즉흥적이지만 누구보다 신중한 결정이라는 뜻이다.

달리 표현하자면 영감이라 부를 수도 있다. 간절히 원하고 또 노력하면 보이지 않는 위대한 힘이 우리의 삶을 원하는 곳으로 이끌어준다고 믿는다. 특정 종교에 관한 이야기가 아니다. 종교가 없을지라도 살다 보면 자연스럽게 크고 작은 기적을 경험하게 되는데, 그럴 때마다 내가 얼마나 작은 존재인지 느끼며 겸손의 의미를 깨닫게 되는 것이다. 여자라면 누구나 한 번쯤 영감에 이끌리듯 운명적인 선택을 했던 경험들이 있을 것이다. 그 결과 훨씬 더 멋진 인생을 살고 있으리라 믿는다. 여자에게는 기민하고 특별한 육감이 있으니까.

단, 제아무리 육감이 발달한 여자일지라도 영감을 믿기 위해서는 끊임없이 도전하면서 자신의 무대를 조금씩 넓혀나가야 한다. 그제야 비로소 즉흥적으로 떠오른 생각과 선택이 성공과 행복의 문을 여는 열쇠가 되어줄 것이다.

비바람은
반드시
그친다

Courage

니체가 말하길 살아가야 할 이유가 있는 사람은 어떤 경우에도 견딜 수 있다고 한다. 견디는 것이 곧 인간의 본성이라는 뜻이다. 동서고금을 막론하고 위대한 선인들이 불굴의 의지로 운명을 개척할 수 있었던 이유다. 즉, 인생의 주인이 되는 첫 번째 방법은 견디는 힘을 기르는 것이라 해도 과언이 아니다. 그렇게 생각했던 나는 낯선 땅 미국에서 시련이 닥쳐올 때마다 살아가야 할 이유를 찾았다. 사실 살아야 하는 이유가 셀 수 없이 많았으니, 견디는 힘도 나날이 굳건해졌다. 나는 지금도 어려운 시간을 잘 이겨내는 능력, 위기를 기회로 전환하는 능력이 인생의 성공을 좌우한다고 생각한다.

나무와 구름은 바람에 흔들릴수록 아름답지만, 꿈을 향한 의지와 열정은 바람에 흔들려서는 안 된다고 믿었다. 그러면서 깨달았다. 비바람은 반드시 그친다는 것을. 그리고 거짓말처럼 밝은 해가 떠오른다는 사실을.

그럼에도 영어는 나를 가로막는 장벽이었다. 모르는 단어가 너무 많았으니, 제대로 된 대화를 나눌 수 없었던 것이다. 특히 전문용어가 대다수인 경영학 수업은 1분 1초도 딴생각을 할 수 없을 만큼 어려웠다. 설상가상으로 수업이 끝나면 레스토랑에서 아르바이트를 했으니, 말 그대로 쉴 틈 없이 바쁜 하루하루를 보냈다. 몸은 지치고 힘들었지만 경영학이라는 학문은 나를 달뜨게 만들 만큼 매력적이었다. 한 달 뒤에 받는 월급의 달콤함도 피곤함을 잊게 만들었다. 또 레스토랑에 온 손님들 대다수가 백발이 성성한 어르신들이었는데, 어린 동양인 여학생이 기특하다며 두둑한 팁을 주곤 했다. 그 과정에서 가벼운 대화와 눈인사가 오고 갔으니 영어 실력과 친절함을 배울 수 있었다. 힘들어도 즐겁게 일할 수 있었던 것이다.

언어를 제외하면 미국이라서 좋은 점은 헤아릴 수 없이 많았다. 큰 꿈을 꿀 수 있는 자유, 미래가 훨씬 더 근사해질 것이라는 희망, 다양한 인종의 사람들과 친구가 되면서 글로벌 감각을 키울 수 있었다는 점 등등이다. 혼자 있는 시간이 많아진 것도 만족스러웠다. 조용히 앉아 누구의 간섭도 받지 않고 생각할 수 있었기 때문이다. 즉, 나의 하루는 공부하고, 일하고, 생각하고, 다시 공부한 뒤에 잠자리에 드는 단조롭지만 유익하고 풍요로운 일과로 채워졌다.

덕분에 무언가를 선택하고 도전하는 데 있어 빠르지만 신중하다. 제3자의 시선으로는 즉흥적인 것처럼 보일 수도 있지만 그 뒤에는 오랫동안 고민한 흔적이 겹겹이 묻어 있다. 경영학을 선택할 때도 비슷했다. 외할아버지의 말씀을 들으며, 막연하지만 이 사회를 풍요롭게 변화시키고 싶었다. 영어 선생님으로서 자신의 직업을 사랑하는 아버지를 보며 당당한 사회인이 되고 싶었다. 활발하고 능동적인 어머니를 보며 여자도 남자와 경쟁할 수 있다는 사실을 알게 되었다. 이 모든 생각들이 차곡차곡 쌓여 경영학이라는 학문에 관심을 갖게 된 것이다.

지금도 나는 디지털 기기를 매만지며 시간을 보내기보다는 조용히 앉아 생각하는 것을 즐긴다. 깊은 사유가 가능해졌을 때 내가 원하는 것이 무엇인지 내면을 들여다볼 수 있기 때문이다. 경영학을 공부하면서 뛰어난 경영인이 되고 싶었다. 기업의 생태계를 긍정적으로 변화시켜 이 사회를 보다 살기 좋은 세상으로 발전시키고 싶었다. 그것이 바로 내가 평생을 걸쳐 완성해가고 싶은 빅픽처였다.

그러나 당시의 나로서는 원하는 꿈에 도달할 수 없다는 결론에 이르렀다. 따라서 내 자신의 그릇과 서 있는 곳의 위치를 객관적으로 분석한 뒤에 서던 일리노이 대학원에서 MBA를 공부하기로 결정했다. 경영학 이론을 실제 상황에 적용해보면서 위기 대처 능력과 판단력을 기르고 싶었던 것이다.

최근에는 우리나라에서도 MBA가 익숙한 학문이지만 1990년대 여성에게는 굉장히 낯선 분야였다. 이를 증명하듯 MBA 입학과 관련해 잠시 한국에 돌아와 GMAT 시험을 볼 때, 수험생 가운데 여자는 나 혼자뿐이었다. 내가 가고자 하는 길이 꽤나 낯설고 험난할 것이라는 예감이 들었다. 하지만 두렵지 않았다. 분명한 꿈이 있고, 꿈을 이루기 위해서는 어떻게 해야 하는지 잘 알고 있었기 때문이다.

두려움은 이겨내야 할 과제

누구나 낯선 길을 걷노라면 두려움에 휩싸인다. 낯설다는 말 속에는 헤맬지도 모른다는 뜻이 내포되어 있기 때문이다. 설상가상으로 짙은 땅거미까지 내려앉았다면 누군가를 향해 원망 섞인 분노를 토해낼지도 모른다. 준비성 없는 자신을 책망하기보다는 문제의 본질을 남의 탓으로 돌리는 것이 편할 테니까. 이는 무기력하고 책임감 없는 사람들의 특징이다.

반면에 준비성이 철저한 사람은 여행을 떠나기 전에 만반의 준비를 갖춘다. 낯선 길을 거닐면서도 초연한 이유다. 오히려 생경한 풍경이 주는 낯섦에서 다름의 의미를 깨닫고 받아들이는 법을 배우게 된다. 이렇듯 똑같은 상황일지라도 받아들이는 사람에 따라 결과가 판이해진다.

인생 역시 마찬가지다. 내일은 아무도 모르는 미지의 시간이
므로 낯설 수밖에 없다. 열정적인 태도와 긍정적인 마음이 있다
면 이를 즐기면서 꿈을 이룰 수 있지만 반대의 경우라면 팽이처
럼 같은 자리를 맴돌면서 자기 자신만 상처받을 뿐이다.

만일 지금 이 순간 낯선 길에 홀로 버려진 아이처럼 두렵고
외롭다면, 의지할 사람을 찾기보다는 진정으로 원하는 꿈이 무
엇인지 찾아야 한다. 되고 싶은 사람, 하고 싶은 일이 무엇인지 알
게 된다면 엉킨 실타래처럼 뒤죽박죽이었던 세상이 희미하게나
마 보이기 시작할 것이다. 관성을 거부하는 용기, 익숙한 것을 재
해석하는 크리에이티브, 낯선 길에서 당당하게 앞으로 나가는
도전정신, 식지 않는 열정만 있다면 꿈은 더 이상 꿈이 아니라 현
실이 될 수 있기 때문이다.

또 어떤 날은 늘 걷던 익숙한 길에서 뜻 모를 두려움이 느껴
지기도 한다. 이는 해가 지고 나면 어김없이 찾아오는 어둠과 같
은 존재다. 인간에게만 허락된 고독이며 불안이라는 뜻이다. 그
안에서 우리는 겸손의 미덕과 보이지 않는 위대한 힘이 있음을
깨닫게 된다. 그 사실을 알게 될 때 긴 한숨은 낭만적인 시 구절
이 되어 희망의 노래로 바뀐다. 꿈은 기다림의 대상이 아니라 끊
임없이 도전하고 쟁취해야 할 평생의 벗임을 알게 되는 것이다.

미국에서
펼쳐진
나의 빅픽처

Courage

인간에게는 저마다 짊어지고 가야 할 인생의 무게가 있다고 한다. 이를 증명하듯 로맨틱 코미디처럼 달콤했던 일상이 하루아침에 비극이 되는가 하면, 절망의 끝에서 쏘아 올린 공이 기적을 만들어내기도 한다. 너무 쉽게 실망할 필요도 없지만 오만해서도 안 되는 이유다.

평온하기만 했던 우리집에도 갑작스레 어두운 그림자가 드리워졌다. 아버지께서 오랜 지인에게 사기를 당한 것이다. 그 일로 인해 어머니는 미국 이민을 결정하셨다. 보다 넓은 세계에 나가고 싶다던 어머니의 바람도 있었지만, 지금 와 생각해보면 부모님 모두 상처를 치유하는 방법으로 이민을 택하셨던 것 같다.

아버지는 말 그대로 법 없이도 살 수 있는 분이셨다. 세상에서 제일 중요한 것은 사람이라며, 예의를 지키고 덕을 쌓아야 한다고 말씀하셨다. 설사 그로 인해 손해를 볼지언정 말이다. 이는 아버지의 천성이다. 친척 어른들에 따르면 어려서부터 정의롭고 선했으며, 명석하셨다고 한다. 전남 무안 시골에서 태어나, 중학교 시절 광주로 유학 온 뒤에는 모든 일을 혼자 해결하는 독립적인 학생이기도 했다. 훗날 광주여고에서 영어 선생님으로 재직하셨는데 그때 어머니를 만나셨다. 물론 어머니는 여고생이었으니, 두 분의 인연은 그렇게 끝나는 것처럼 보였다. 그러나 어머니가 이화여대 법학과에 입학하고, 아버지도 서울로 상경하면서 운명처럼 재회해 부부의 연을 맺게 되었다.

학교를 그만둔 아버지는 종로학원에서 영어 강사로 활동했는데 당시에는 종로학원이 곧 서울대학교로 가는 관문이었다. 따라서 우리 집은 개인 과외를 받기 위해 찾아온 수험생으로 북새통을 이루었다. 대통령 자제의 개인 과외선생님이기도 했으니, 아버지의 명성은 나날이 높아졌다.

이렇듯 영어 교사에서 대한민국 최고의 스타 강사 그리고 EMI 원장이 되기까지 아버지는 꿈을 이루기 위해 도전을 멈추지 않으셨다. 조용했지만 위험을 두려워하지 않고, 즐기시기까지 했던 아버지는 외유내강 그 자체였다. 하지만 무리하게 욕심을 내기보다는 당신 자신을 객관적으로 분석한 뒤 스텝을 밟아나가듯 차분하게 그리고 신중하게 앞으로 나아가셨다. 그 과정에서 힘든 일이 생길지라도 좀처럼 힘든 내색을 하지 않았다.

그랬던 아버지의 유일한 단점은 사람을 너무 좋아하고 쉽게 믿는 것이었다. 이는 사실 아버지의 가장 큰 장점이기도 했으니,

인생은 참 아이러니하다. 사람을 좋아해서 손해를 본 것은 사실이지만, 그래도 나는 아버지를 세상에서 가장 존경하고 사랑한다. 아버지의 DNA를 그대로 물려받았다는 사실에 늘 감사한다.

자신을 꼭 빼닮은 딸과 그 딸을 그대로 닮은 손녀를 한 없이 사랑하고 자랑스러워하셨던 아버지. 이제는 하늘의 별이 되셨지만, 아버지의 온화하고 부드러운 모습은 여전히 내 안에 살아 숨쉬며, 나와 내 딸의 삶을 소리 없이 밝혀주고 계신다.

어머니는 무척 쾌활하고 적극적인 신여성이다. 가끔은 너무 조용한 딸에게 서운함을 토로하실 만큼 밝고 명랑하다. 생각이 머릿속에 떠오르는 순간 실행에 옮기는 어머니의 과감함 덕분에 갑작스럽게 시작한 미국에서의 삶은 우리 가족의 미래를 바꾸어 놓았다. 그때 나는 한국에서 유아교육학과에 입학한 직후였지만 넓은 세상을 동경하고 있었고 오빠는 영문학과를 졸업했으니, 우리 남매에게 미국은 기회의 땅이었다.

한 가지 마음에 걸리는 것이 있다면 외할아버지와 외할머니를 자주 만날 수 없다는 사실이었다. 조선대학교의 학장이셨던 외할아버지는 내게 든든한 버팀목이었다. 손녀를 대함에 있어 늘 눈높이를 맞춰주고 칭찬을 아끼지 않으셨다. 외할아버지는 나에게 가장 좋은 친구였고, 스승이었던 것이다. 그래서 방학이 되면 다음 날로 외가가 있는 광주로 내려갔으니, 즐거웠던 추억을 떠올릴 때면 그곳에는 온화하게 웃는 외할아버지와 외할머니가 계신다.

"금미야. 너는 퀴리 부인처럼 훌륭한 사람이 돼야 한단다. 이 할아버지는 네가 만들어갈 세상이 벌써부터 기다려지는구나."

아마도 외할아버지는 내가 퀴리 부인처럼 자신의 인생을 사랑하고, 꿈을 향해 나아가는 여성이 되길 바라셨던 것 같다. 한 남자의 아내, 아이들의 어머니로 머물기보다는 '배금미'로 살아가길 말이다. 어진 눈매로 내게 용기를 주시던 외할아버지의 모습은 예나 지금이나 오롯이 내 가슴에 남아 삶의 지표가 되어주고 있다.

어쩌면 외할아버지께서 내 가슴에 뿌려 놓은 칭찬이 자신감으로 자란 덕분에 미국이라는 낯선 나라가 두렵지 않았는지도 모른다. 왠지 그곳에는 각자의 인생을 사는 퀴리 부인이 많을 것 같았기 때문이다. 칭찬은 고래도 춤추게 한다고 하지 않았던가.

미국에 도착하자마자 나는 대학 진학을 준비했다. 그런데 참 이상한 일이었다. 고등학교 3학년 때는 별 다른 고민 없이 유아교육학과를 지원했는데, 웬일인지 경영학과가 눈에 들어왔던 것이다. 당시 한국에서는 여학생들이 경영학과에 지원하지 않았다. 남존여비 사상이 강해 여자가 남자를 상대로 경쟁하는 게 버거웠던 사회였다. 따라서 여성들은 경쟁이 필요 없는 의사, 변호사

등의 스페셜리스트를 꿈꾸거나 유아교육학과 등 여성들만의 리그에 도전했다.

한국에 있었다면 나 역시 유아교육학과를 졸업해 여성들만의 리그에서 경쟁했을 테지만 남녀가 평등한 미국에 와 보니, 도전에 경계가 없다는 것을 알게 되었다. 마음이 끌리는 대로 도전하면 되는 것이었다. 결과적으로 나는 메릴랜드대학 경영학과에 입학했다. 동양인 여학생을 찾아보기 어려웠지만 그 사실이 나를 움츠러들게 만들지는 않았다. 마치 이른 새벽, 밤사이 내린 눈 위를 걷는 듯했다.

'아무도 밟지 않은 새하얀 눈 위에 나의 발자국을 뚜렷이 남기겠어. 세월의 흐름 속에서 점점 더 선명해지는 뚜렷한 자국을….'

경영학은 잠시 잊고 있던 학구열을 불태우기에 충분했다. 좋은 기업이 많아질수록 사회가 윤택해지고, 우리의 삶이 개선된다는 사실 또한 고무적으로 다가왔다. 내가 흘린 땀방울이 내 삶과 이 사회를 풍요롭게 변화시킨다면, 외할아버지가 말씀하셨던 퀴리 부인의 또 다른 모습일 테니까.

시대의 아픔과
마주하는
용기

Courage

얼굴 위로 주름살이 드리워지고, 새까맣던 머리칼이 은빛으로 물드는 것을 달가워하는 사람은 없을 테다. 아름다웠던 외모는 초라해지고, 강철 같았던 체력도 바람 앞의 촛불처럼 약해지기 때문이다. 나 역시 인생의 시곗바늘이 한 해, 두 해 앞으로 나아갈수록 조바심이 들기도 했었다.

그러나 실제로 나이 들어가는 것이 상상했던 것처럼 나쁘지만은 않았다. 오히려 좋은 점도 많았다. 사람을 이해하는 마음이 넓어졌고 사랑하는 마음이 깊어진 것이다. 나아가 더불어 살아가는 기쁨까지 알게 되었으니 말이다.

특히 나는 어린아이들에게 애정이 많이 간다. 따라서 장애인에게는 기업인으로 도움을 주는 반면 아이들에게는 배금미로서 도움을 주고자 노력하고 있다. 재능 기부를 통해 가정 형편이 어려운 아이들에게 영어를 가르쳐주는 것이다. 교육이 아이의 미래를 변화시켜줄 수 있기 때문이다. 초롱초롱한 눈망울로 영어를 배우는 아이들을 보노라면 내 작은 기부가 아이들이 살아갈 세상을 넓혀준다는 생각에 저절로 기분이 좋아진다. 그 과정에서 깨달았다. 기부는 그와 내가 동시에 행복해지는 일이라는 것을.

이제는 정기적으로 초록우산어린이재단 후원자로서 저소득 층 아이들에게 영어를 가르치고 있는데 그동안 경험해보지 못했 던 즐거움과 보람을 느낀다. 아이들의 맑은 미소가 치열한 경쟁 사회에서 지치고 상처받았던 내 마음을 치유해주는 것만 같다.

가끔은 어린아이들이 감당하기 버거운 짐을 지고 살아가는 모습이 안쓰러워 콧잔등이 시큰거리기도 한다. 며칠 동안 마음 이 무거워서 일이 손에 잡히지 않을 때도 있다. 그럴 때면 현실을 외면하는 편이 훨씬 편할지도 모르겠다는 생각이 들기도 한다. 그러나 시대의 상처와 마주 서지 못한다면 소외된 이들의 슬픔 또한 공감할 수 없다. 아이들의 가녀린 어깨 위에 놓인 삶의 짐을 나누어가질 수 없는 것이다. 영어 선생님을 자처하는 나처럼 사 회 곳곳에서 아이들에게 온정의 손길을 건네고 있으니, 아이들 이 살아갈 내일은 오늘과 달리 풍요로울 것이라 확신한다.

아울러 나는 주한글로벌기업대표자협회GCCA의 여성 위 원장으로서 사회 진출을 준비하고 있는 청년들에게 멘토링을 하 고 있다. 글로벌 기업의 CEO로서 글로벌 기업에 입사하는 방법 에서부터 미래를 준비하는 방법 등을 가르쳐주고 있다. 영어 선 생님이자 멘토로서 지식과 경험을 나누다 보니, 세대를 넘나드는 친구가 생기고 있다. 이 또한 나에게는 말할 수 없는 기쁨이다. 요즘 아이들이 무슨 생각을 하고, 어떤 고민을 하는지 자연스럽게 배우면서 사고의 폭이 넓어지기 때문이다.

공자가 말하길 15세에는 학문에 뜻을 두어야 하고, 30세가 되어서는 학문의 기초를 수립한 뒤, 50세가 되면 천명을 깨달아야 한다고 말했다. 다시 말해 어린아이들은 학문에 뜻을 둘 수 있도록 도와주고, 청년들은 꿈을 이룰 수 있도록 도와주는 것이 50대를 살아가는 나의 천명인 것 같다.

나는 사랑하는 딸이, 재능 기부를 통해 알게 된 아이들이 나아가 세상의 모든 소년소녀가 후회 없는 삶을 살기 바란다. 바람에 흔들리는 갈대처럼 연약한 아이들이 어찌 후회 없는 삶을 살 수 있겠는가. 다만 후회로 기억되는 일들이 인생의 걸림돌이 되지 않았으면 한다. 그 길에 내가 도움이 될 수 있다면, 기쁜 마음으로 어디든지 달려갈 것이다. 화려하지는 않지만 은은한 빛으로 어둠을 밝히는 촛불과 같은 어른이 되고 싶다.

천천히
멀리
날아가기 위하여

Courage

"가장 높이 나는 새가 가장 멀리 본다."

《갈매기의 꿈》은 무심한 세월 앞에 점점 더 소심해지는 어른들을 위한 동화다. 작가인 리처드 바크는 갈매기 조나단 리빙스턴을 통해 도전하는 삶이 왜 인간답고 아름다운지 은유적으로 설명하고 있다.

가장 높이 그리고 빨리 날고 싶었던 조나단은 주위의 차가운 시선에도 움츠러들지 않고 비행 훈련을 계속했다. 수없이 많은 장애물을 만날 때마다 두렵기도 했지만 결국 드넓은 하늘을 마음껏 날아오르며 참된 자유를 만끽할 수 있었다. 가장 높이 날며, 가장 멀리 보는 새가 된 것이다.

고등학교를 졸업할 때까지 나는 창공을 날아다니는 새 떼를 볼 때면 조나단을 찾기 위해 두 눈을 동그랗게 뜨고 하늘을 올려다보곤 했었다. 그럴 때면 "꿈이 주어졌을 땐 그것을 이룰 힘도 같이 주어진다"던 조나단의 목소리가 들려오는 것만 같았다. 동시에 더 높이, 더 빨리 날고 싶다는 막연한 꿈이 조금씩 자라나기 시작했다.

물론 당시에는 내가 원하는 삶과 꿈에 대해 구체적으로 알지 못했다. 그저 멋진 사람, 행복한 사람이 되고 싶다는 바람만 있었다. 생각해보면 그때의 마음이 오늘의 나를 만들어준 뿌리가 되었던 것 같다. 가장 높이 나는 새가 가장 멀리 본다는 사실을 알았으니 끊임없이 도전할 수 있었던 것이다.

첫 번째 도전은 학생답게 열심히 공부하는 것이었다. 공부는 노력한 만큼 점수가 올라가므로 스스로 컨트롤이 가능하다. 쉬운 일은 아니지만 불가능한 일도 아니라는 뜻이다. 다행히 나는 공부를 좋아했던 학생이어서 의미 있는 학창 시절을 보낼 수 있었다. 특히 아버지가 영어 선생님이셨으니 어려서부터 영어의 중요성도 비교적 빨리 인식했다.

미8군에서 국제결혼 후 문화적 갈등 등으로 고민하는 장교 부부들의 심리를 치료했던 외숙모도 내게 많은 도움을 주셨다. 당시 외숙모의 지인 가운데 미군 여장교가 있었는데 한국인 가정에서 홈스테이를 원했다. 마침 우리집에 빈방이 있어서 함께 생활하게 됐다. 그리고 영어 공부에 탄력을 받기 시작했다. 그녀와 함께 약수동에 있는 외국인 교회에 나가기도 했다. 일요일 아침이면 달콤한 늦잠의 유혹을 뿌리치고 교회에 나간 결과 영어 실력은 물론 내 나름대로의 글로벌 감각을 배울 수 있었다. 나아가 그곳에서 배운 성경 구절들은 윤리적인 선택이 무엇인지 가르쳐주는 계기가 되었다. 매순간이 은혜로운 시간임을 알게 된 것이다.

평생 동안 가슴에 새기고 살아갈 좌우명도 얻게 되었다. 그녀의 초대로 군부대 파티에 다녀왔는데, 나를 사로잡았던 것은 이국적인 음식이 아니라 미군의 동기부여를 위해 만든 캐치프레이즈였다.

"Be the best you can be. 네가 될 수 있는 최고가 되어라." 그 문장을 보는 순간 내 심장은 100미터 달리기를 한 것처럼 쿵쾅거렸다. 온몸에 짜릿한 전율이 느껴졌다.

"내가 될 수 있는 최고가 되겠어."

여군 장교의 파워풀한 리더십, 글로벌 감각, 긍정적인 성격 등에 매료된 결과 글로벌 리더가 되고 싶다는 원대한 꿈이 내 안에서 조금씩 싹트기 시작한 것이다.

절벽 위에서 날려고 하지 말라

많은 사람들은 꿈이란 클수록 좋다고 말한다. 꿈의 크기가 미래를 결정한다고도 덧붙인다. 나 역시 살아 숨쉬는 한 꿈을 꾸고 이루기 위해 노력해야 한다고 믿는다. 하지만 그 꿈은 반드시 내가될 수 있는 최고여야 한다. 경계해야 할 욕심이 꿈이라는 이름으로 둔갑하는 것은 바람직하지 않다. 청춘은 자유롭게 꿈꿀 수 있는 권리를 부여받은 인생의 황금기이지만, 동시에 행복한 삶과 불행한 삶의 시발점이 되기도 한다. 자유롭게 꿈꾸되 현명하게 도전해야 한다는 뜻이다.

그렇다면 나는 무엇이 될 수 있으며, 어떻게 최고의 자리에 오를 수 있을까? 이는 자신을 관찰하고 끊임없이 도전할 때 알아갈 수 있다. 멈추지 않는 도전 속에서 꼭꼭 감춰져 있던 잠재 능력이 생명을 갖고 세상 밖으로 드러나기 때문이다. 퇴화한 집오리의 한유보다 무익조의 비상하려는 안타까운 몸부림이 훨씬 훌륭한 자세라던 신영복 교수의 말처럼, 처절하리만치 안타까운 몸부림 속에서 잠재 능력이 발현되는 것이다.

하늘을 날고 싶다는 거위의 꿈도 마찬가지다. 운명이라는 벽을 뛰어넘기 위해서는 도전에 앞서 자신을 관찰하고 객관적으로 분석해야 한다. 하늘을 날 수 없다면 그 사실을 겸허히 받아들여야 한다. 그래야 절벽 위에서 날개를 퍼덕거리며 뛰어내리는 실수를 저지르지 않게 된다.

비행 연습을 위해 먼저 야트막한 언덕을 찾아야 한다. 넘어지고 깨지는 과정에서 기적처럼 하늘을 나는 거위가 될 수도 있다. 혹은 현실을 받아들인 뒤 무모한 도전에 시간을 허비하지 않고 날개를 대신할 무언가를 만들 수도 있다.

즉, 꿈을 꾸는 것보다 중요한 것은 내 안에 깃든 재능을 찾고 실현 가능성을 예측한 뒤 스텝을 밟아나가듯 한 계단씩 도전하면서 성취해나가는 것이다. 그 안에서 실패는 지우고 싶은 쓰디쓴 기억이 아니라 재능을 찾는 과정에서 만나는 소중한 스승이 된다.

마음이
시키는 대로
움직여라

Courage

컨템포러리 예술가 마크 퀸으로 인해 한때 영국에서 열띤 토론이
벌어졌다. 논란의 중심에는 해표지증 기형으로 두 팔 없이 태어
난 구족화가 앨리슨 래퍼가 있었다. 마크 퀸은 임신 9개월에 접어
든 앨리슨 래퍼를 모델로 조각 작품을 만든 뒤 18개월 동안 트래
펄가 광장에 설치했다. 광화문 광장에 세워진 이순신 장군과 세
종대왕을 생각해본다면, 트래펄가 광장에 세워진 장애 여성의 누
드상은 파격인 동시에 묘한 감동을 전해주기에 충분했다.

그동안 우리는 암묵적으로 장애인의 누드를 금기시해왔다.
아름답지 않다는 편견 때문이다. 누구나 이렇게 생각할 테지만
마크 퀸은 다리가 짧고 두 팔이 없는 앨리슨 래퍼의 모습이 눈부
시도록 아름다웠다고 한다. 아마도 열악한 환경에 굴복하지 않고
끊임없이 도전하는 그녀의 내면과 마주한 결과였을 것이다. 대다
수의 사람들이 편견에 사로잡혀 마주할 수 없었던 내면 말이다.
마크 퀸이야말로 마음이 시키는 대로 사람을 사랑하고, 자신의
일과 세상을 사랑한 예술가라 할 수 있다.

이제 전 세계인들의 멘토가 된 앨리슨 래퍼는 설명이 필요 없는 멋진 여성이다. 장애를 가진 자신의 몸이 남과 다를 뿐 아니라 자세히 보면 아름답기까지하다고 말하며 예술로 승화시켰기 때문이다. 그녀도 마음이 시키는 대로 행동한 결과 불가능에 가까웠던 꿈을 이루어냈다. 마음이 시키는 대로 했을 때 행복해질 수 있다는 진리를 가르쳐준 것이다.

생각해보면 나 역시 늘 마음이 시키는 대로 살아왔다. 지난날 남자들만의 리그였던 비즈니스 현장에 겁 없이 뛰어들었다. 제너럴모터스를 시작으로 쌍용자동차, 존슨앤드존슨, DHL을 거쳐 현재 콜로플라스트 CEO가 되기까지 원하는 것을 얻기 위해 쉼 없이 노력해왔다. 물론 실패가 없었던 것은 아니다. 신중하게 내린 결정이 잘못된 선택이었을 때도 있었고, 노력한 만큼 성과가 돌아오지 않을 때도 있었다. 실패는 예나 지금이나 받아들이기 어렵지만, 자세히 들여다보면 그 안에도 교훈이 있음을 알게 된다. 마음이 시켜서 한 일이라면 실패도 약이 된다는 사실을 세월 속에서 배웠다.

하지만 주위를 보면 마음이 시키는 대로 살지 않는 사람들이 많다. 특히 여성들은 자신의 의지보다는 남편과 아이들에 따라, 그때그때 상황에 따라 살아가는 경우가 많다. 훗날 은빛 머리칼을 드리운 나이가 되어 '내 인생은 없다'고 푸념하는 어머니들을 쉽게 볼 수 있는 이유다. 한국사회가 여성들에게 너무 많은 희생을 강요하는 탓이지만 그 못지않게 여성들 스스로 꿈을 놓아버리기 때문이다. 남편의 출세, 아이의 성공을 자신의 꿈이라 믿는 것이다. 이 또한 즐겁고 보람된 인생일 테지만 마음의 소리를 외면하고 진짜 원하는 삶 대신 환경에 적응하며 안주한다면 훗날 허무함이 밀려올 수도 있다.

또는 처음부터 꿈이 없었거나, 지나치게 거창한 꿈을 꾸는 경우도 있다. 조상 대대로 입신양명을 인생의 목표로 살아온 민족성 탓에 꿈의 의미를 정확히 모르는 것이다. 그로 인해 내가 원하는 꿈을 이루기보다는 세상이 정해놓은 잣대에 맞춰 살려고 애쓴다. 그러나 그 끝에서 행복이 아닌 후회를 하게 된다면 결코 성공적인 삶이라 말할 수 없다. 즉, 행복하고 성공하고 싶다면 자신의 시선으로 세상을 바라보며 원하는 일을 열정적으로 해야 한다.

여자가 행복하면 집안에 웃음꽃이 끊이지 않는다. 그 안에서 아이도 행복하게 꿈을 이뤄나갈 수 있다. 회사에서도 마찬가지다. 행복한 여자가 자신의 일도 완벽하게 하며, 글로벌 리더가 될 수 있다. 행복한 여자가 많아질 때 세상도 평화로워진다는 뜻이다.

2030,
왜 리더십을
준비해야 하는가

Courage

리더라는 단어를 들으면 많은 사람들이 기업의 수장을 떠올린다. 그러다 보니 젊은 세대일수록 리더십은 자신과 별개의 자질이라고 생각한다. 하지만 우리가 살아온 시간 속에서 리더는 언제나 존재해왔다. 초등학교 교실에서조차 말이다. 기억을 더듬어보면 반에는 가장 인기가 좋고, 친구들을 이끌고 다니는 아이가 있었다. 그들의 공통점은 두려움이 별로 없어 매사에 솔선수범한다는 것이다. 두려움을 느낄지라도 도전해보겠다는 열망이 훨씬 큰 것이다. 또 친구들의 이야기에 귀를 기울일 줄 안다. 어려움에 처한 친구를 도와주기도 하고 자신과 생각이 다른 친구를 설득하는 능력도 탁월하다. 사람을 끌어당기는 매력 즉, 리더십이 있다는 뜻이다.

진정한 리더십은 이처럼 자연스럽게 터득하는 것이다. 따라서 나이의 많고 적음을 떠나 리더십을 갖기 위해 노력해야 한다. 물론 학창 시절에 리더가 되지 못했다고 해서 리더십을 쌓을 수 없는 것은 아니다. 직장 내에서 솔선수범하고, 주위 사람들의 이야기에 귀 기울이면서 어려움을 해결해주다 보면 자연스럽게 리더십이 길러진다. 사람을 설득하고 끌어당기는 힘이 바로 리더십이기 때문이다. 글로벌 기업에서 여성 리더십에 관심을 보이는 것 또한 부드럽고 따뜻한 여성성이 사람의 마음을 움직일 수 있다고 판단한 결과다. 그런 의미에서 난 여성 리더십이야말로 건강한 사회를 만드는 첫걸음이라 믿는다.

반대로 높은 자리에 있을지라도 권위를 앞세워 상대를 배려하지 않는다면 진정한 의미의 리더라 볼 수 없다. 사람의 마음을 움직일 수 없으니 직원들의 잠재 능력을 깨우지 못하고 나아가 기업의 목적인 이윤 창출도 불가능해진다. 상하수직관계에서는 창의력이 상쇄되어 혁신을 만들어낼 수 없기 때문이다.

이렇듯 리더십은 하루아침에 생기는 것이 아니므로 나이와 직책에 상관없이 누구나 리더십을 갖기 위해 노력해야 한다. 존중받고 싶은 만큼 상대를 존중하고 어려움에 처한 사람을 위해 기꺼이 손을 내밀어주며, 그의 이야기에 귀 기울여주어야 한다. 그렇게 사람의 마음을 움직일 수 있으면 자연스럽게 인적 네트워크가 강화된다. 이른바 피플 스킬이 향상되는 것이다. 세상을 살아감에 있어 자신에게 도움을 줄 지인이 많다는 것은 막강한 자산을 확보한 것과 같다. 노력한 만큼 성공할 수 있게 된다는 뜻이니, 합리적이면서도 따뜻한 리더의 자질을 쌓아나가야 한다.

훗날 리더가 되었다면 자신의 리더십이 세상을 변화시킨다는 사실을 자각해야 한다. 기업의 가치와 직원들의 미래가 리더십에 의해 결정되기 때문이다. 건강한 리더십이 사회를 윤택하게 만들고 국가 경제를 견인하는 주춧돌이니 개인의 영달을 위해서가 아니라 세상을 위해서라도 올바른 리더십을 길러야 하는 것이다.

최고의
유산은
더불어 사는
세상

epilogue

나는 자기 멋에 취해 살았던 유미주의자 오스카 와일드를 좋아
한다. 그는 항상 자신이 할 수 있는 최선을 다했다. 물론 그 과정
에서 숱한 구설수에 오르기도 했지만 그의 소설은 어떻게 살아
야 인간다운지 친절하게 가르쳐주고 있다.

특히 초등학교 시절에 읽었던 《행복한 왕자》는 가벼운 터치
의 글로 할머니가 들려주셨던 옛날이야기를 연상시킨다. 달리 말
하자면 다시 또 읽고 싶지 않은 가벼운 책이었다. 그러던 어느 날
세월의 무게만큼이나 두터운 먼지가 소복이 내려앉은 책이 내 눈
에 들어오기 시작했다. 저소득층 아이들에게 재능기부를 시작한
직후부터였다. 마치 행복한 왕자가 나를 부르기라도 한 것처럼
말이다.

행복한 왕자는 반짝이는 보석으로 치장된 동상이다. 그 빛이
너무도 찬란해 마을 사람들 모두 왕자 앞에 엎드려 숭배를 드렸
다. 그러나 왕자는 행복하지 않았다. 헐벗고 가난한 사람들이 흘
리는 눈물을 내려다봐야 했기 때문이다. 그러던 어느 겨울 날, 따

뜻한 나라로 가지 못한 제비가 왕자의 눈물을 보았다. 불쌍한 사람들 때문에 울고 있다는 사실을 알게 된 제비는 왕자를 돕기 시작했다. 왕자가 들고 있던 칼자루에 박힌 루비를 아픈 아이에게 물어다주었고 성냥팔이 소녀에게는 왕자의 눈에 박혀 있던 사파이어를 가져다주었다. 마을 사람들이 조금씩 행복해질수록 왕자는 초라해져갔다. 아무것도 모르는 마을 사람들은 빛을 잃어버린 왕자를 더 이상 사랑하지 않게 되었다. 급기야 볼품없는 동상을 녹여버리자는 말까지 나왔다. 그럴수록 왕자는 행복해졌다. 왕자의 행복은 채움이 아니라 나눔이었던 것이다.

도무지 이해할 수 없었던 왕자는 그렇게 내 기억에서 사라져 갔었다. 그러나 재능 기부를 통해 나눔이 그가 아닌 나를 행복하게 해준다는 사실을 알게 되면서 왕자가 행복했던 이유를 알게 되었다. 직원들과 술자리에서 웃고 떠들 때보다 다 함께 봉사활동을 다녀온 뒤에 더 돈독해지는 것도 이 때문이었음을 알게 되었다.

나는 보다 많은 사람들이 내가 느낀 행복을 누렸으면 한다. 가정에서는 부모가, 학교에서는 스승이, 직장에서는 리더가 나눔을 실천한다면 이는 물처럼 흐르고 흘러 아이들에게, 직원들에게 전해질 것이다. 그리하여 내가 살고 있는 이 세상이 지금보다 훨씬 따뜻하고 풍요로워진다면 우리 모두가 행복한 왕자가 될 것이다. 비록 우리에게 값비싼 루비는 없지만 그들을 위해 나누어 줄 사랑이 있으니 말이다.

끝나지 않을 것만 같았던 한겨울 한파도 어느 순간 따뜻한 봄바람이 되어 코끝을 간질인다. 옷깃을 여미게 만들던 칼바람도 대지를 뚫고 나오는 새싹의 기상과 함께 물거품처럼 사라져버린다. 우리를 힘들게 했던 잿빛 그림자도 봄 향기에 희석되어 버린다. 마치 천상의 모든 피조물이 손에 손을 맞잡고 봄을 부르는 것처럼 말이다.

나는 우리의 삶도 이리 되어야 한다고 믿는다. 서로의 손을 맞잡는다면 어두운 터널 속에 갇혀 있어도 두렵지 않기 때문이다. 앞으로 나아갈 용기가 생기고 머지않아 밝은 세상을 나갈 수 있으리란 희망까지 품을 수 있다.

더불어 살아가는 지혜가 후세에게 물려줄 수 있는 가장 귀한 선물이다. 뿐만 아니라 지금 이 순간을 행복하게 사는 최고의 방법이기도 하다. 그러므로 최선의 나눔이 최고의 행복을 줄 것이라고 믿는다.

성장하는 여자는
구두를 탓하지 않는다

초판 1쇄 2015년 3월 5일

지은이 | 배금미

발행인 | 노재현
편집장 | 서금선
책임편집 | 이한나
디자인 | 민혜원

마케팅 | 김동현 김용호 이진규
제작지원 | 김훈일

펴낸 곳 | 중앙북스(주)
등록 | 2007년 2월 13일 제2-4561호
주소 | (100-814) 서울시 중구 서소문로 100(서소문동)

구입문의 | 1588-0950
내용문의 | (02) 2031-1356
팩스 | (02) 2031-1339
홈페이지 | www.joongangbooks.co.kr
페이스북 | www.facebook.com/hellojbooks

ISBN 978-89-278-0614-1 03320